Afterコロナ時代に
多様化する相続の在り方

「5つの視点」で資産と想いを遺す

人生100年時代の相続対策

株式会社 青山財産ネットワークス

日経BP

Contents

Afterコロナ時代に多様化する相続の在り方
「5つの視点」で資産と想いを遺す　人生100年時代の相続対策

序章

人生100年時代をストレスフリーに生き抜くために

第1章

相続を巡る環境激変で抱えていた問題が顕在化する

第2章

我が家の課題とは？ 5つの視点で見つけ出す

第3章

青山家の相続
〜モデルケースで追体験する〜

第4章

資産家の悩みを解決する5つの対策&商品

第5章 プロの言う決まり文句は信じられるか

第6章

事例から学ぶ「全体最適」な相続対策の実現

序章

人生100年時代をストレスフリーに生き抜くために

資産家は「資産も多いが、悩みも多い」

「これまで親から受け継いだ資産を守ってきたが、問題山積で胃が痛くなる。とにかく今はいろいろな悩みから解放されてすっきりしたい。『人生100年時代』というけれど、こんなにストレスを抱えていては、とても100歳まで楽しく生きていけそうにないよ」

総資産が10億円近い、70代の資産家の本音です。

先代から受け継いだ広い屋敷は老朽化しており、どうするべきか悩んでいます。

母親が亡くなった二次相続の際、顧問税理士の勧めで兄弟と共有にした土地は、意見が合わずに長い間活用できないまま、長男の当人が固定資産税を負担してきました。

十数カ所に及ぶ貸地は、子どもの代でもきちんと管理していけるのか不安があります。

建設会社から勧められて建てたアパートは、すでに築30年経過。ここのところ空室が増えた上に修繕費がかさんでいます。金融機関からは借入れをして建て替えることを提案されています。

「まさか」の場合に備えて生命保険もいくつか加入しましたが、最近は負担が重く感じてきたものの何年も契約内容を見直していません。

資産を棚卸ししてみると、相続税評価額は高いのですが、個々の不動産の収支を見ると収益性が低いものが割合として多く、固定資産税や所得税を支払うと、手元に残る金額はだいぶ少なくなってしまいます。地元で代々続く家柄ですから、生活費のほかにも、庭の手入れや冠婚葬祭も家の格式にふさわしいものにしなければならず出費がかさみます。

「こんな状態で3億円近い相続税をどう準備すればいいのか。しかし、子どもたちは私の苦労を全くわかっていない」と、腹立ちが収まらないご様子。子どもから「管理が面倒な『負』動産は欲しくない。父さんの代で処分してくれ」と言われたそうです。

子どもから相続の相談は持ちかけにくい

子どもたちにも言い分があります。

「確かにそんなことを言ったかもしれませんが、面と向かって相続の話題は切り出しにくい。下手をすれば、『俺が死ぬのを待っているのか』なんて激怒されかねませんからね。でも、正直言って、いま父に万が一のことがあったり、認知症になったりしたらと思うとすごく不安です。特にここ2年間はコロナ禍でほとんど会えませんでしたし……」

互いに悩みや不安を抱えながらも、親子で腹を割った話は一度もしていません。

こうしたケースは決してめずらしくありません。

周囲から見ればうらやましいような資産家であっても、内情は多くの悩みを抱えています。

その点においてはファミリー企業の経営者も同じです。

「資産も多いが、悩みも多い」。しかも、価値観が多様化している上に、複雑に問題が絡み合っているため、「一朝一夕には解決できない」というケースが大変多いのです。

そのため、「いつかは、いつかは」と、向き合うことを先送りにしてしまいがちです。

では、こうした膠着状態の突破口はどこにあるのでしょうか。

「最善の対策」は家族の数だけある

こうしたご相談を受けたとき、私たちが最初に行うのは「現状分析」です。すべての資産を洗い出してリスト化し、不動産の価値や収支を分析していきます。同時に、家族や一族の関係や希望についても個別にていねいにヒアリングしていきます。

それはなぜか？

最善の相続対策は、100家族いれば100通りあるからです。資産構成だけでなく家族構成や年齢、価値観によっても最善の対策は違いますし、対策の優先順位も変わります。それぞれの家族の不安やストレスの種を解消して「すっきりさせる」には、すべての資産を見渡して、家族の関係とその家の未来まで見据えた、全方位をカバーする相続対策が不可欠です。

私たちはそれを「全体最適」と呼んでいます。

しかしながら、多くの相続対策はそうした視点で行われず、セールスありきの「部分最適」が横行してきました。

「借入れをしてアパートを建てれば相続税が抑えられます」は、典型的な「部分最適」の例です。確かに、アパートを建てることで相続税は下がるかもしれません。しかし、そのために過度の借入れをしたり、賃貸需要が見込めない場所にアパートを建てたりしたら、中長期的にみれば「負」動産になり、後継者のお荷物になりかねません。「全体最適」からすれば、明らかにNGです。

「相続税対策」は将来に禍根を残す

ある資産家は、納税資金に充てるために残しておいた駐車場に相続税対策でアパートを建てました。しかし、納税資金に充てるための売却金額が当初の想定に満たないことがわかりました。売却するには、アパートよりも駐車場のほうが価値が高い場所だったことが要因です。いくら後悔してもどうにもならず、泣く泣く「これは遺そう」と思っていた不動産まで売却せざるを得ませんでした。

まさに本末転倒です。

「相続税を下げる」ことだけを狙ったり、平等に相続させるために不動産や自社株式を安易に共有することで問題を先送りしたりするような「部分最適」の対策は、必ず将来に禍根を残します。冒頭の資産家も、先代が「部分最適」の対策を重ねた結果、自分の代になったときには「どこから手をつけていいか途方にくれている」という状態に陥ってしまったのです。

全資産の最適なバランスを整えて収益力を高め、「納税」と「分割」を可能にし、家族全員が納得のいくような「全体最適」の対策を考え、速やかに実行すること。そして定期的に現状を見直してアップデートしていくこと。それこそがどんな時代にも対応できる対策であり、今、一番必要なことです。

「Ａｆｔｅｒコロナ時代」は先送りしてきた問題が顕在化し、加速します。第１章で詳しく述べますが、資産家を取り巻く環境は今まで以上に厳しいものになると予測しています。

「5つの視点」で問題点を明確にする

悩んでいるだけでは何も変わりません。まず、一歩を踏み出すことが重要です。今からでも決して遅くはないのです。

その手掛かりとなるのが本書です。

本書では、「全体最適」という考え方に沿って、「5つの視点」で土地持ち資産家やファミリー企業の経営者が抱えるモヤモヤや不安を整理する方法をご紹介します。大きく複雑な問題を一気に解決しようと思うと、ストレスに押しつぶされてしまいます。まず、問題を切り分け、一つひとつ確認しながら考えていくことが一歩前進するための鉄則です。

また、本書の大きな特徴として、家族と一緒に現状を把握し、問題点を話し合い、課題を共有できるようなページを設けました。実際に手を動かすことによって頭と気持ちが整理され、問題点が明確になります。それが「すっきり」と課題解決をするための第一歩です。

本書を最大限に活用するために

まず、本書の流れをざっくりと説明します。

第1章では、「Ａｆｔｅｒコロナ時代」に予見されるさまざまな変化を取り上げます。増税、相続税対策封じ、価値観の多様化、老老相続と認知症リスク、インフレリスクなど、資産家を取り巻く環境は今以上に厳しくなるものと思われます。

第2章は、これまでお話ししたような「全体最適」を実現して「すっきり」するための考え方と具体的なアプローチ方法です。「円滑な財産承継ができるか?」「円滑な経営承継ができるか?」「納税資金は確保できているか?」「財産の運用と保全ができているか?」、そして最後に、「まさかへの備えができているか?」。この5つの視点を、それぞれ5項目でチェックする方法をご紹介します。

第3章は、いよいよ実践編です。第2章で紹介した現状分析の方法をモデルケースで追体験します。ご自身で書き込めるチェックシートやグラフも用意しました。できれば、ご家族一緒にゲーム感覚で実践してみてください。互いに面と向かっては言い出しにくかった相続問題について、話し合うきっかけになるかもしれません。皆で問題点を明確にしていけば、対策も取りやすくなります。

第4章では、「認知症対策」や「不動産の共有状態の解消」「ファミリー企業の事業承継」など、資産家に多い悩みや不安の種を取り上げて、有効な対策を5つ厳選して紹介します。

第5章は、プロに勧められてやりがちな失敗を取り上げます。資産家には多くの「プロ」がいろいろな提案をしてきます。「その会社は、何のプロなのか?」「何によって利益を得ているのか?」を見抜いて、同じ轍を踏まないでください。

第6章は、「全体最適」を実現した6つのコンサルティング事例です。いずれも難度の高いご相談内容でしたが、お客様から「これですっきりした」「安心して長生きができる」「これで我が家も社会貢献できた。誇らしい」といった声をいただいています。

事例を通して、私たちが具体的にどんなコンサルティングをしているか、その一端がおわかりいただけるものと思います。


本書では、当社の30年間の膨大なコンサルティング経験からつくりあげてきた独自のセオリーやノウハウを公開しています。1人でも多くの方に私たちの考え方を知っていただき、今後の相続対策に役立てていただきたいと考えています。

本書が「人生100年時代をストレスなく楽しみ、ご家族や後継者からも感謝される」相続対策を考える一助になれば幸いです。

第 1 章

相続を巡る環境激変で抱えていた問題が顕在化する

第1章では、これから求められる相続対策を考える前提として、「Afterコロナ時代」に予見される変化を紹介します。
特に資産家に影響が大きい税制の行方や長寿化に伴う老老相続と認知症リスク、
そして多様化する価値観から生じる相続問題などを取り上げます。

「正解なき新世界」の幕開け

コロナ禍で激増した資産家の声

「数年前に購入した収益物件が、テナントの退去や家賃減額で収支が悪化している。借入金の返済が重く、このままでは納税資金が不足しそうだ」

「親の代から引き継いできた家業だが、事業の見通しが思うようにいかない。会社の資産や自社株式などを、子どもたちにはどのような形で引き継いでいくべきだろうか」

「直接会えない間に親が認知症を発症してしまった。まだ症状は軽いが、今のうちにできる対策はないだろうか」

「不動産の共有持ち分の解消を検討している。兄弟４人で共有しているが、相続が起きたり、認知症を発症したりする前に何とかしたい」

新型コロナウイルスの感染拡大により経済は悪化しています。外出や家族と会う機会が減り、すれ違いや認知症を発症するケースも出ています。どれも切実かつ先送りできない問題ばかりで、解決には家族の状況や資産全体を把握した上で複合的な対策が必要です。

コロナ禍が原因の問題もあれば、もともと内在していた問題もあります。さらに、これから資産家を取り巻く環境は厳しくなりそうです。「Ａｆｔｅｒコロナ時代」に予見される変化を見ていきましょう。

これまでの常識や考え方を見つめ直す

コロナ禍でこれまでの常識がくつがえり、今までの正解が正解ではなくなりましたが、一方で正解が増えたともいえます。相続や事業承継に対する考え方や方法も多様化していくでしょう。常識や考え方を見つめ直すことが大切です。

直近の不動産市場を例にとれば、これまで収益率が高く、磐石だった都心の駅前大型ビルにも空室が出ています。また、働き方の多様化が進んだ結果、都下の一部では需要が持ち直しています。一戸建ての人気が再燃して、周辺の土地が高値で売買されたり、仕事と休暇を併用できるリゾート施設や別荘、本社と離れた都市近郊のビルでの小規模なオフィス需要が増えたりしています。

この変化は一過性か、本流か

難しいのは、こうした変化が一過性のものか、それとも定着し、世の中の本流となっていくのか、という見極めです。

中長期の動向を予測する堅実かつ有効な指標として「人口動態」があります。日本の人口減少は避けられない問題です。不動産市場の行方を予測するとき、特に注目すべきは20～49歳の人口の推移です（図表1-1）。この層は、住宅を購入したり借りたりする中心層であり、実需を支えています。

今、一部で起こっている「郊外シフト」や「地方シフト」が世の中の本流になる可能性は高くないと見ています。多くの企業もオフィスに出社せずに遠隔で働くリモートワークを経験して、良し悪しが見えてきました。

図表 1-1 全国の20〜49歳の人口推移の予測

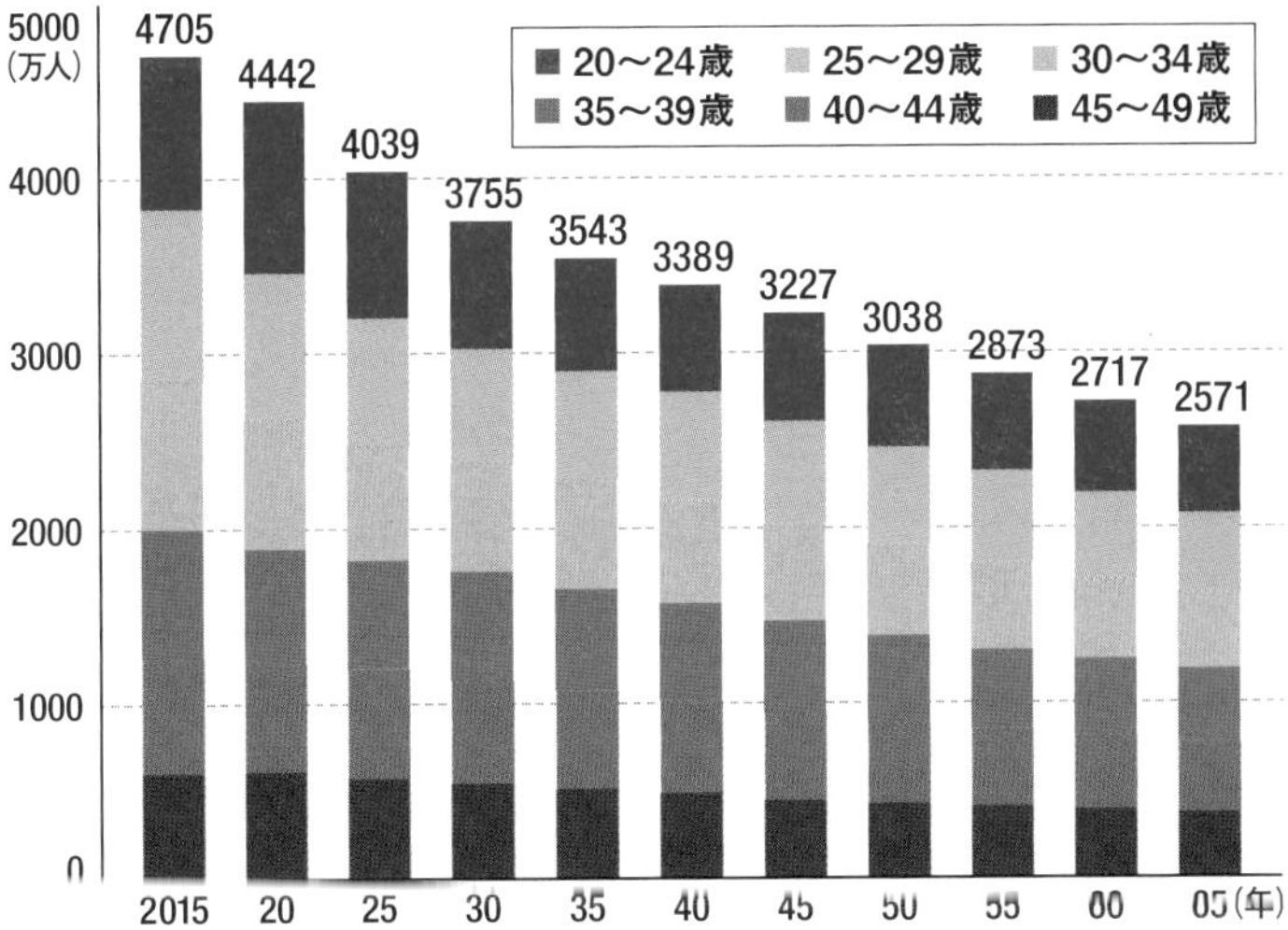

出典：国立社会保障・人口問題研究所「日本の将来推計人口(平成29年推計)」より作成

リモートワークは働き方の1つとして定着するでしょう。その一方で、人が直接集まることで生み出される価値が再認識され始めています。連絡事項はリモートで、大切なことは膝詰めでといった併用型が主流となりつつあります。

そうすると、やはり便利なところ、魅力的なところに人や企業は集まります。中長期的には、東京都心や中核都市中心部の需要は根強いと思います。一方、人口減少が顕著な地方や郊外では家や土地が余り、住宅価格や地価の下落が進む可能性が高いと言わざるを得ません。そうしたエリアに不動産を持っている方にとっては、今が高く売却できる最後のチャンスになるかもしれません。

コロナ禍でも投資用不動産の価格は高止まり

コロナ禍でも、都心や駅前などの稀少価値の高い収益不動産の需要は高く、実際に「いい収益不動産があれば、買いたい」という相談もかなりあります。

実際、日本の不動産投資市場は安定した人気を誇っています。世界的に見て日本の不動産は安全性の高い投資先と見なされており、海外の投資家やファンドが買いに来ています。自国では不動産の所有権がない中国人にとっても、所有できる日本の不動産は魅力的です。

海外の投資家が求める不動産は、もともと数十億～数千億円という価格帯だったのですが、最近では目線を下げて数億円の物件も購入しています。その結果、物件を購入したい方と数少ない優良な物件を奪い合う形となり、現在も価格は高止まりしています。世界的な金余りとインフレリスクを背景に、この傾向は当面続きそうです。

ただし、２０２５年以降、首都圏でも一部の人気エリアを除くと、実需の減少と供給の増加で住宅価格や地価は下がっていくものと予測しています。２０２５年から首都圏でも新規の住宅需要層（20〜49歳）の人口が減少する上に、団塊の世代が後期高齢者になり、相続で手放した家や土地が不動産市場に流れるからです。

資産家の相続対策として、土地の有効活用や不動産投資などがありますが、不動産の運用は長期にわたります。直近の変化だけでなく、あらゆるデータをもとに、中長期的な潮流やエリアごとの人口動態を見極めて慎重に判断する必要があります。

分散を基本とした対策が求められる

今のような先が読みにくい時代の相続対策の基本は、資産全体を見渡した上で「資産の適切な分散」と「定期的な対策の見直し」を図ることです。

不動産であれば、場所や時期、用途、規模などを分けてリスク分散を図る。金融商品も同様です。また、資産全体の構成も「現金」「生命保険」「金地金」「有価証券（国内、海外）」「不動産（金融商品化された不動産も含む）」に分散し、収益性も考慮してそのどれかに過度に偏らないよう最適なバランスにしていくことです（図表1-2）。

特に土地持ち資産家の場合、資産の7〜8割以上が不動産で、なおかつ同じ地域に資産が

図表 1-2　先が読みにくい時代に求められる資産の適切な分散

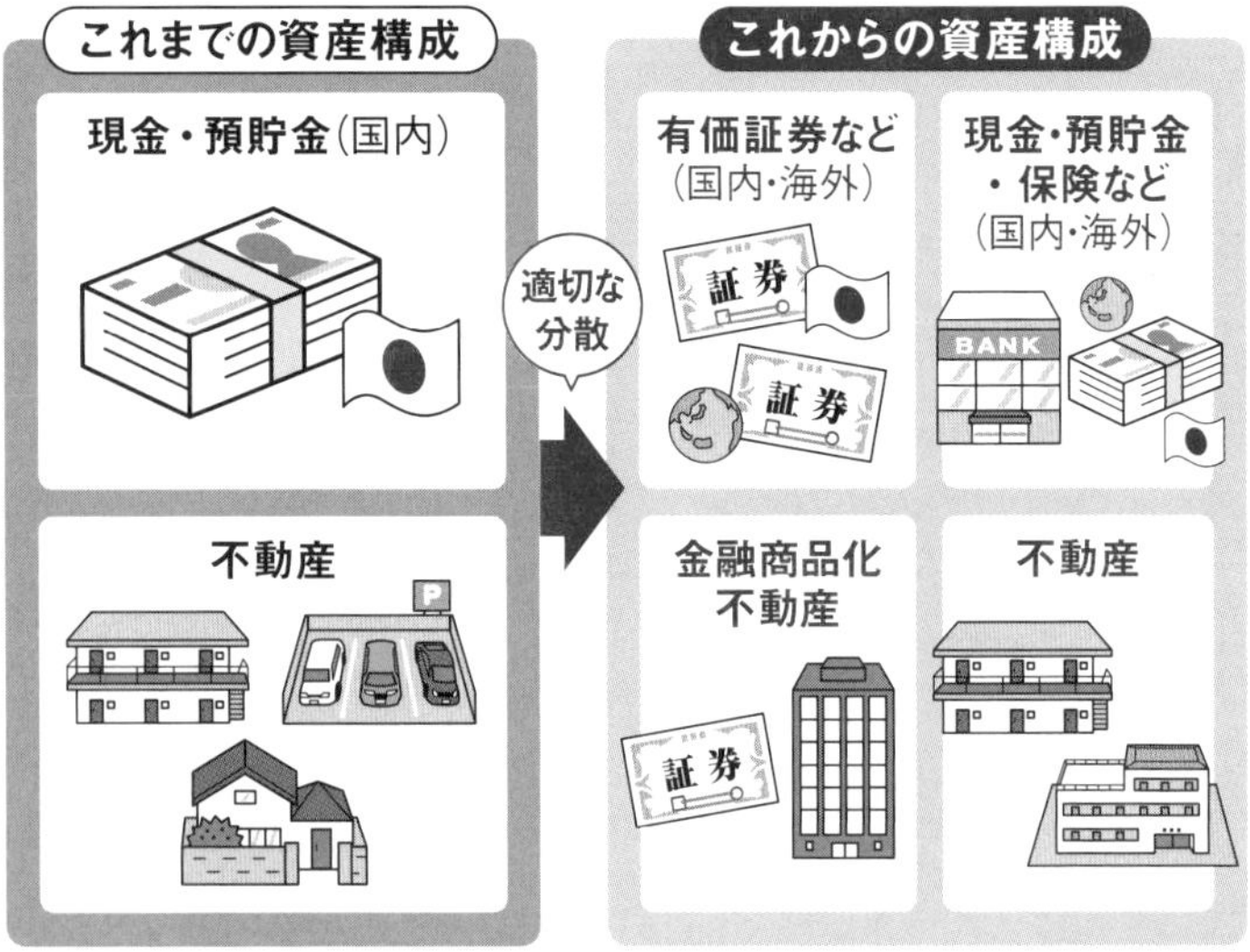

集中しているケースが大半です。こうした資産を少しでも分散させることでリスクも分散されますし、将来的には相続人に分けやすくもなります。金融資産に関しては、普通預金口座に入れたまま、運用していないケースも少なからず見受けられます。これでは、万が一の円の価値下落にも対処できず、収入を増やすことも難しいです。

また、「Ａｆｔｅｒコロナ時代」は変化のスピードが加速します。

すでに相続対策を立てている方も、これから本格的に着手する方も、時代の変化に合わせて対策をアップデートすることが大変重要なポイントです。「一度対策を実行したら終わり」にせず、定期的な見直しを行うことをお勧めします。時代の潮流や市況の変化、税制改正や各種制度の変更、さらに自身の資産構成や家族状況などに大きな変化があったときにも、それに合わせて最適なものに更新していくのです。

これからの相続対策は「点」ではなく、未来に続く「線」で考えていくことです。しかしながら、個人でそれを実行していくのは容易ではありません。あらゆる視点を持ち、目的に向かってずっと伴走してくれる専門家に相談することも失敗の防御策になります。

相続に対する考え方も多様化する

考え方をリセットし、対策をアップデートすべき理由はそのほかにもあります。

それは「価値観の多様化」です。

これまでも親世代と子世代が価値観の違いから対立することはよくありました。しかし、「Ａｆｔｅｒコロナ時代」は価値観の違いがさらに広がり、加速するでしょう。相続の相談を受けていると、そうした変化をはっきりと感じます。

「先代が苦労したからとにかく相続税を減らしたい」「周りの地主がみんなやっているから

大丈夫」といった固定観念や過去の常識は、通用しなくなりつつあります。いずれは相続する子や孫世代の価値観はすでに多様化しています。

実際にあった例ですが、「資産を活用して社会に貢献したい」と財団を設立された方や、「節税よりも地域に貢献したい」と土地を公園として市に寄付された方、「お金を残す対策の前に、次の世代に想いをつなげたい」と動かれている資産家もいます。そうした方々は「自分はどう生きていきたいか」を第一に考えて行動しています。

逆に、土地を守ることや相続税の節税だけに重点を置く方は、相対的に少なくなっています。「資産価値が上がっていくものに組み替えたい」「手間がかからないもの、分けられるものにしてすっきりしたい」という人が増えており、当社にも、資産全体を見直して課題を探し出し、時間をかけて資産を組み替えるような大局的な視点に立った相談が増えています。

「三代先まで資産や家族の絆をつなげたい」と望むのであれば、1人で問題やストレスを抱え込む必要はありません。むしろ、家族に資産の中身を開示し、専門家も交えて一緒に最適最良な対策をつくるほうがいい結果につながります。

相続人の間のトラブルが増える

2年にわたる「Withコロナ時代」は「まさか」の連続でした。「Afterコロナ時代」も余波が及びそうです。その1つが相続人である子とその兄弟姉妹間のトラブルです。

土地持ち資産家やファミリー企業の経営者の場合、これまでは後継者に資産や自社株を集中させることで家や家業の継続を図ってきました。

しかし、最近は、後継者以外の兄弟姉妹が法定相続分、あるいは遺留分を要求するケースが増えています。権利意識の高まりやインターネットなどでの相続情報の増加、家族（一族）意識の希薄化に加えて、コロナ禍による親子の交流不足や将来への不安もあり、この傾向は今後も増加するものと思われます。

本来ならば、権利と義務は一対となるものです。

後継者には事業や家を継いで次の世代に渡す責任があり、後継者の配偶者も含めて高齢の親の世話や介護、看取り、墓守り、地域の世話役や親戚付き合いなどの義務を負う一方、そうした義務を果たさない方でも法律面における権利を主張することが増え、トラブルになるケースもあります。

しかし、ほかの兄弟姉妹が権利を主張して裁判で争った場合、「後継者に財産を遺す」という遺言書がなければ、最終的には法定相続分で分けることになるのが現実です。場合によっては代々の大切な土地や自社株式などが共有で相続されて、その後、手に負えなくなることもあります。

「父（母）が遺言書さえ、書いてくれていたら」という後継者の嘆きを何度も耳にしました。遺言書や付言の作成はこうした争いを防ぐだけでなく、資産家の場合は数千万円単位で相続税が違ってくることさえあります。

【遺言書の付言の作成：192ページ】

親の意思と想いを伝えるために

遺言書で親の意思をはっきりと示し、付言でそのように決めた理由と自身の率直な気持ちや感謝を伝えることは、相続争いを防ぐ必須条件です。しかし、それでも防げないことがあります。遺留分の請求も視野に入れ、ほかの兄弟姉妹に代償分割できるような対策もあわせて準備しておくことが必要になってくるでしょう。

もっとも避けなければならないのは、相続がきっかけで家族や一族が対立し、代々大切にしてきた絆が切れてしまうことです。コロナ禍による自粛生活で親兄弟が直接顔を合わす機会が激減しました。そうした中で孤独感を感じたり、猜疑心にさいなまれたり、健康面の不安を募らせている資産家が増えています。

親の死後に開封される遺言書や付言だけではなく、親が元気な間にできることがあります。先ほども言いましたが、まずは後継者や家族と資産の状況や課題を共有することです。そして、それぞれの価値観や状況を踏まえた上で相続対策を話し合い、その家の存在意義と未来像をともに描いてみることです。

多くの資産家の相続の相談を受けてきましたが、財産だけでなく想いも引き継ぎたいという方も増えています。そうした「場」と「機会」があれば、事態が紛糾する前に問題を解決できます。なによりも、家族の結束や家に対する愛着や誇りが高まります。それは家や家業を継ぐ意義や意欲につながることになります。

こうしたニーズの高まりに応えるため、私たちは「ファミリーオフィス」という仕組みをつくりました。家族で家の未来像を描き、家族のガバナンス（家族憲章）をつくり、次の世代に「財産」だけでなく「想い」も引き継ぐための仕組みです。

CHECK POINT

◎コロナ禍で相続、事業承継に対する常識が変化

◎資産運用はあらゆるデータをもとにした
将来予測と分散投資が不可欠

◎不透明な時代に求められる「資産の適切な分散」と
「定期的な対策の見直し」

◎相続に対する考え方の多様化を背景にしたトラブルが増加

◎生前に後継者や家族へ意思と想いを伝える
「ファミリーオフィス」の必要性

資産家を直撃する大増税時代へ

所得税、資産税（相続税）、消費税の増税は避けられない

「Ａｆｔｅｒコロナ時代」は間違いなく大増税時代になります。

コロナ対策で国の財政は急速に悪化しています。財政破綻を防ぐには、「所得税」「資産税（相続税）」「消費税」の増税は避けられないでしょう。東日本大震災をきっかけに導入された「復興税」のような形もあるかもしれません。いずれにせよ、巨額な財政出動のツケは必ず回ってきます。

最初に対象となるのはおそらく資産家です。相続税の実質的な増税は十分に考えられます。

昔から相続税の過酷さを例えて「三代で財産がなくなる」と言われてきました。しかし、

適切な対策を取らないと、もっと早いペースで資産を失う可能性が高まっています。これが今、従来の相続対策を見直すべき大きな理由の1つです。

国内外で近づく増税の足音、いずれはキャピタルゲイン税も？

本書の読者は、すでに所得税と住民税で30〜55％に達しているような高額納税者が多いと思います。「この上、相続税が増税されるなんて！」と怒りや不満の声が聞こえてきます。

しかし、増税は世界共通の流れだと考えられます。

欧米ではキャピタルゲイン税の議論が進んでいます。

アメリカのジョー・バイデン大統領は、富裕層に対するキャピタルゲイン税（株式や不動産などの値上がり益にかかる税金）の大幅な増税を検討していると報じられています。まだ検討の段階ですが、所得が１００万ドル（約1億円）以上の富裕層に、現行税率の2倍近い39・6％のキャピタルゲイン税を課すという案が挙がっています（２０２１年7月現在）。州税や市税などの地方税を加えると60％近い税率になる可能性もあります。

日本では株や不動産の売買益にかかる税金は「分離課税」であり、所得の多寡に関係なく一律です。株であれば20・315％（所得税15・315％＋住民税5％）、不動産であれば所有期間が5年以下の場合は39・63％（所得税30・63％＋住民税9％）、所有期間が5年超の場合は20・315％（所得税15・315％＋住民税5％）です。所得が200万円の人でも1億円の人でも、不動産の売却益にかかる税金は同じなのです。日本でも所得格差が拡大していることから、一律ではなく、欧米のように所得に応じた課税が適切ではないかという議論もあります。

所得に応じた多段階課税が導入されれば、資産家は大打撃です。

例えば、相続税の納税のために売却した不動産の売却益に、欧米のようなキャピタルゲイン税が導入されたら大変なことになります。売却益は「売却価格－購入価格－売却経費（仲介手数料、測量費など）」です。相続で取得した場合は、被相続人の所有期間を引き継げるため、長期譲渡税の20・315％ですが、仮に2倍の税金が課されたら手取りは大幅に減り、予定している相続税の納税計画自体が成り立たなくなってしまいます。

まだ、本格的な議論はこれからですが、世界の税制の行方も注視しておく必要があります。

暦年贈与の節税効果がなくなる？
「相続税と贈与税の一体化」議論

２０２０年12月に発表された「令和３年度税制改正大綱」に、資産家にとって見落とせない内容が盛り込まれました。「税の中立性を確保するため、相続税と贈与税の一体化に向けて本格的な検討を始める」というものです（図表1-3）。

具体的には、現行の暦年贈与と相続時精算課税制度の在り方について、見直しが検討されています。

暦年贈与は、現在の税法においては「年間１１０万円までは非課税」です。少し極端な例ですが、子やその配偶者、孫など10人に１１０万円ずつ10年間贈与を行った場合、非課税で１億１０００万円を次の代に移せます。

１１０万円を超える部分には贈与税がかかりますが、その人の相続税率や贈与額によっては、暦年贈与をしたほうが相続のみで渡すよりトータルな税負担が減ります。また、贈与する期間が長いほどその効果は大きくなります。

図表1-3 相続税・贈与税一体化議論

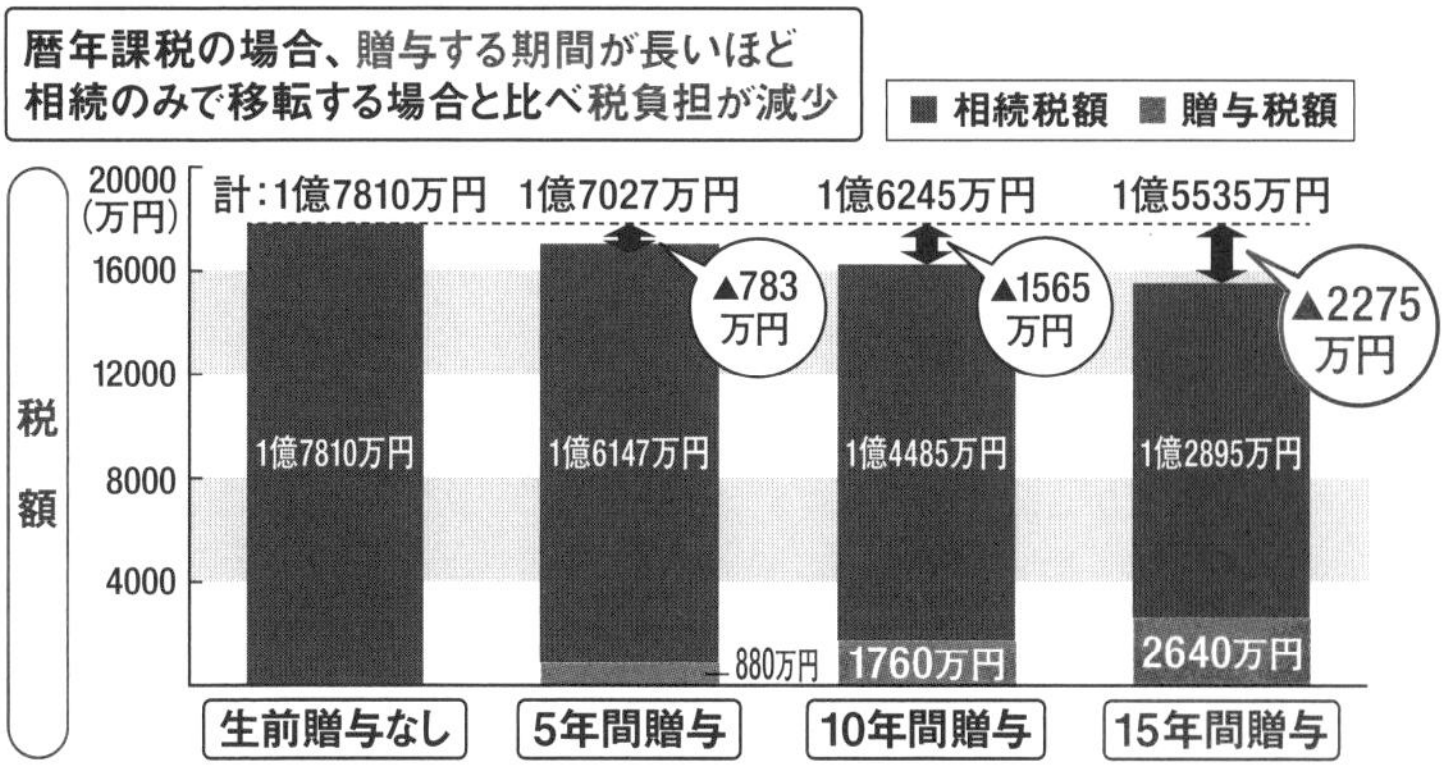

計算の前提
- 被相続人（贈与者）の**総財産は10億円**、相続人は**配偶者・子2人**の計3人
- 配偶者は相続により5億円（法定相続分相当）を取得
- 子2人はそれぞれ贈与または相続により計2億5000万円（法定相続分相当）を取得
- **贈与額は子2人にそれぞれ毎年700万円**

出典：財務省「資産移転の時期の選択に中立的な税制の構築等について」より作成

例えば、総資産10億円の資産家が妻と２人の子に相続させるケースで試算すると……。

妻が５億円、子はそれぞれ２億５０００万円ずつ相続する（法定相続）という前提です。何も贈与しない場合の相続税額は１億７８１０万円です。しかし、生前から２人の子にそれぞれ７００万円ずつ15年間贈与した場合、贈与税と相続税の累計は１億５５３５万円になります。

つまり、２２７５万円の節税効果が出るわけです（**図表１-４**）。

図表 1-4　総資産10億円を相続する場合の相続税額

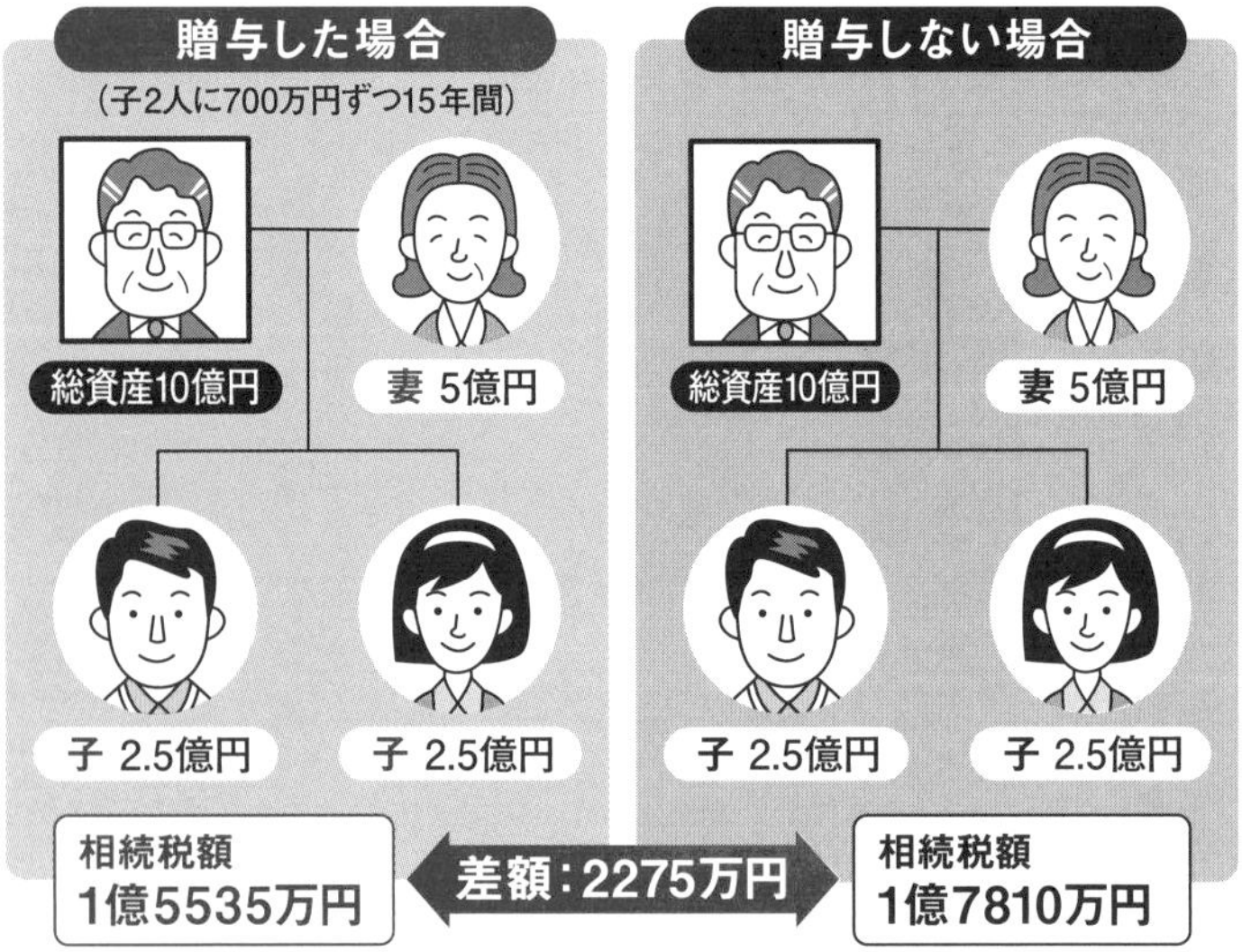

総資産10億円の相続（妻と子２人）

●相続額（法定相続）
妻５億円、子それぞれ２億５０００万円

●相続税額（贈与しない場合）
１億７８１０万円

●相続税額＋贈与税額（贈与した場合）
１億５５３５万円（子２人に７００万円ずつ15年間）

●差額
２２７５万円

暦年贈与の持ち戻し期間が延長される可能性も

暦年贈与は、資産家にとってポピュラーな相続税対策です。

相続が発生した時点から3年前までに行った贈与は持ち戻しとなり、相続税に合算されて再計算されますが、「3年経てば一件落着」です。

しかし、「これは租税回避に近いのではないか、少なくとも中立的な制度ではない」という議論があり、「相続税に持ち戻される期間が延長されるのではないか」といわれています。

例えば、相続発生前3年が10年に延長され、その間の贈与がすべて相続税に持ち戻されたら、暦年贈与の節税効果はほとんど見込めなくなります。暦年贈与の対象には現金だけでなく、自社株や不動産も含まれますから、相続対策も組み立て直さなくてはなりません。

「相続時精算課税制度」という制度もあります。これは、親や祖父母から子や孫に資産を贈与する場合、一時的に2500万円を超える部分について一律で20％の贈与税を納めておき、相続が起こったときに贈与財産と相続財産を合算して再計算した相続税額から、すでに支払った贈与税を差し引いて精算します。

制度の目的は、高齢者に偏っている資産を若い世代にスムーズに移すことであり、相続税の節税効果はほとんどありません。また、一度この制度を利用すると、暦年贈与による110万円の基礎控除を適用することができない点も注意が必要です。今後の議論の行方次第では、さまざまな贈与の制度も「相続時精算課税」的な方向、つまり、「資産の移転の時期や回数、金額にかかわらず、生前贈与と相続を通じた税負担を一定にする」という方向性が具体的に打ち出されるかもしれません。

早ければ、2022～2023年には税制改正に盛り込まれ、一部は2022年にも施行される可能性があります。節税だけを目的にした対策はますます狭まり、リスクも高くなり、効果は限定的になるでしょう。

次に、相続税の節税対策のやりすぎで失敗した例として、業界に衝撃が走った判決を紹介します。

「時価で更正処分」～国税庁、伝家の宝刀を抜く！～

これは実際にあった裁判の判決です（2017年5月23日東京地裁。上告中2021年9月10日現在）。この判決を紐解いていくと、節税にとらわれすぎた相続対策がいかに危ないか、

図表 1-5 総則6項関連判決

不動産の動き

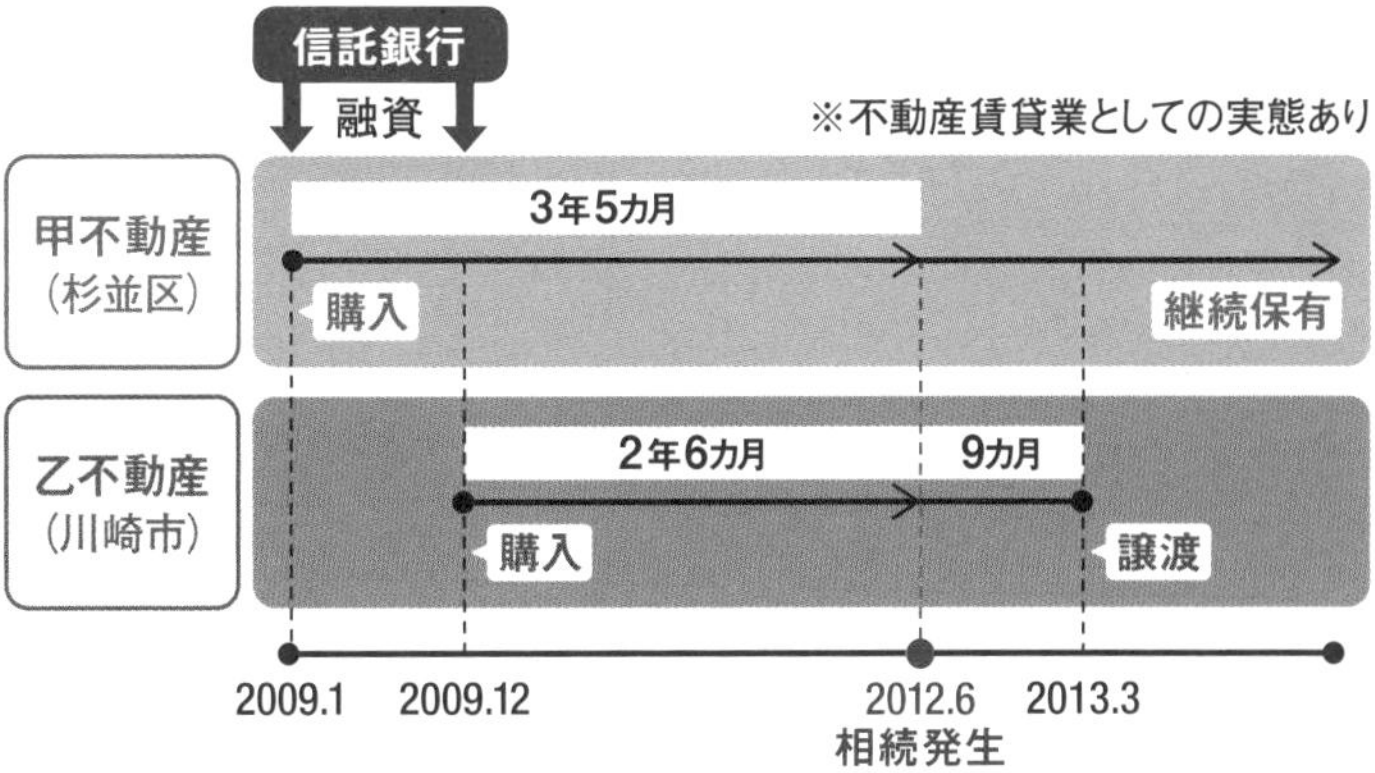

不動産の価額

[不動産評価額比較]

	①			②	③	④
	財産評価基本通達による評価額	割合 ①／②	差額 ①－②	鑑定評価額	購入額	売却額
甲	2.0億円	26.5%	△5.5億円	7.5億円	8.4億円	
乙	1.3億円	25.8%	△3.9億円	5.2億円	5.5億円	5.2億円
合計	3.3億円	26.2%	△9.4億円	12.7億円	13.9億円	

納税者の評価（①） 税務署の評価（②）

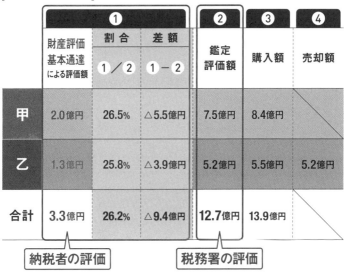

おわかりになると思います（図表1-5）。

90代の資産家が信託銀行から約10億円を借り入れ、収益不動産を2件購入しました。購入価格は合計で約14億円です。最初の購入から3年半後、2件目の購入から2年半後に相続が発生しました。収益不動産購入前の相続税の納税予定額は約1億5000万円でしたが、不動産評価による減額や、多額の借入れによる債務控除、孫との養子縁組など、ありとあらゆる節税対策を講じて「納税額ゼロ」で申告しました。

ちなみに不動産の相続税評価は土地は路線価、建物は固定資産税評価を基準にしており、一般的に時価の3〜4割程度になります。このケースも財産評価基本通達の路線価方式を使い、2件で3億3000万円の評価額（時価の26％）で申告しました。しかし、税務署が「待った」をかけ、時価（鑑定評価額）12億7000万円での更正処分となったのです。

税務署が使ったのは、通称「国税庁、伝家の宝刀」といわれる「財産評価基本通達6項（総則6項）」です。総則6項には、この通達の定めによって評価することが「著しく不適当」と認められる場合、国税庁長官の指示を受けて評価する、と定められています。

過去にも、伝家の宝刀が抜かれた判決がいくつかあります。

過去の判決の共通点は、「時価との差が大きすぎる」「相続前後に売買している」「不動産賃貸事業の実態がない」「借入れ比率が100%か、それに近い」です。

つまり、「賃貸活用もしないのに、全額お金を借りて買った理由はなんですか？」ということです。「収益不動産を一種の商品のように一時的に取得したにすぎないのだから、不動産評価はできません」と判断されたのです。しかも、亡くなる直前に買って1年くらいで売っているケースがほとんどですから、これはもう完全にアウトといえます。

過去と今回の判決を比較すると……

過去の判決と比べると、今回の判決はちょっと違います。過去に時価での更正処分になったケースの共通点とは一致しないところがいくつかあります。この裁判の判決が業界に衝撃を与え、いろいろな面で注目を集めている理由はそこにあります。

具体的に過去の判決との違いを見ていきましょう。

「時価との差が大きすぎるか」は、26%ですから同程度だといえます。

「相続前後に売買しているか」は、1件は相続発生の3年5カ月前、もう1件は2年6カ月前に購入しています（内1件は相続発生後9カ月で売却）。

「不動産賃貸事業の実態」は、賃貸事業の実態があります。

「借入比率が100%あるいはそれに近い」については、75%前後です。

しかし、信託銀行の貸出稟議書に「相続対策で不動産購入」と記されていた事実や、この不動産購入が大きく影響して相続税をゼロで申告した事実などから、時価との乖離を狙った「行き過ぎた事案」と判断されたようです。

裁判の波紋〜どこまでが「やりすぎ」か〜

国税庁は「行き過ぎた事案については、総則6項の適用を視野に入れて対応する」という方針を示しています。問題は、どこまでが許容範囲で、どこからが「行き過ぎた」事案なのか、明確な基準がないことです。

特に、今回のように過去の判決と異なる視点で判断された判決が出ればなおさらです(図表1-6)。


「どの程度まで時価との乖離が認められるのか」

「どの程度までの借入れが認められるのか」

図表1-6　今回の判決の影響

事案		東京地裁 2017.5.23 東京高裁 2020.6.24 （上告中）
対象不動産	種類・数量	賃貸用共同住宅2物件
	①取得価格	13.9億円
	②相続税評価額 （①に対する割合）	3.3億円 （24.1%）
	③譲渡価格	2物件中1物件譲渡
時系列	取得日	2009.1、2009.12
	相続開始日	2012.6
	譲渡日	2013.3（1物件のみ）
不動産賃貸事業の実態		あり
借入金額 （①に対する割合）		10.6億円 （76.3%）
認定金額		鑑定評価額

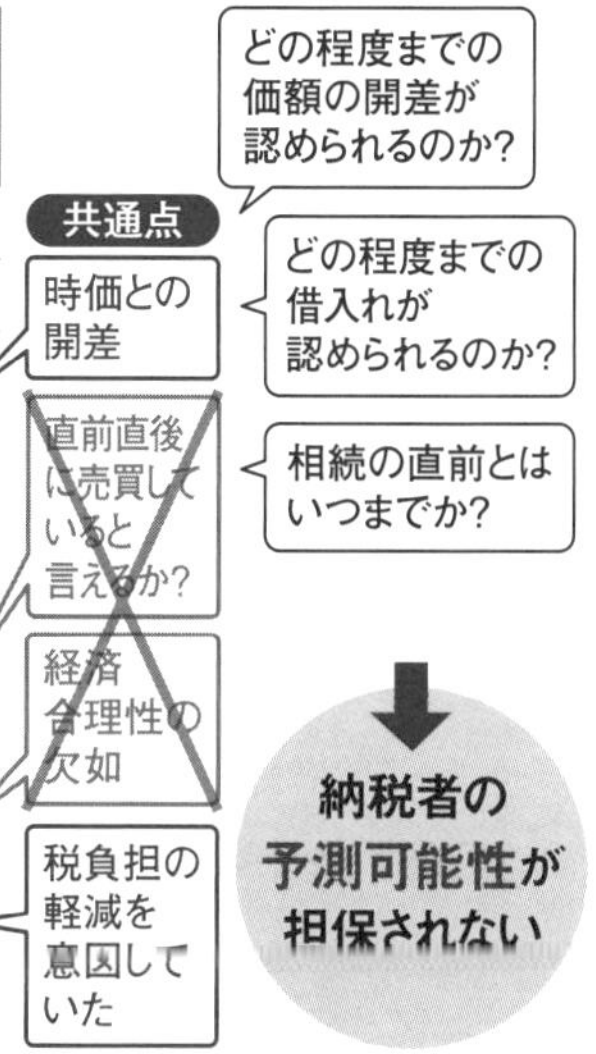
共通点
時価との開差
直前直後に売買していると言えるか？
経済合理性の欠如
税負担の軽減を意図していた
どの程度までの価額の開差が認められるのか？
どの程度までの借入れが認められるのか？
相続の直前とはいつまでか？
納税者の予測可能性が担保されない

「相続の直前とはいつまでか」

どれも明確な数値基準がないため、予測がしにくく、納税者は申告した後も不安を抱え続けることになります。いずれにせよ、露骨な節税対策に対する税務署のチェックは厳しくなっていくものと思われます。税務リスクの総合的な検証の重要性が高まることは間違いありません。過度な節税対策を勧める業者や専門家、税務リスクに疎い専門家にはくれぐれも注意してください。

収益物件を買うならば、相続税の節税ではなく不動産事業としての健全性や投資効率を重視すべきなのです。

CHECK POINT

◎「Afterコロナ時代」に訪れる大増税時代

◎富裕層に対する増税は国内外の潮流に

◎相続税と贈与税の課税制度の見直しによる相続税対策封じ

◎「節税」を目的とした対策への監視機能は厳しくなっていく

◎収益不動産は事業の健全性が1つの鍵になる

超長寿社会化の加速によって老老相続が増加する

人生100年時代に浮上する「老老相続」問題

日本社会の長寿化が急速に進んでいます。それ自体は大変めでたいことですが、ちまたでは長寿リスクとして老後の生活資金を心配する人もいます。

資産家の皆さんはその心配はないと思いますが、「人生100年とは思っていなかったから、孫たちに気前よく生前贈与をしすぎて妻に叱られた」と苦笑いしている人もいます。

長寿化に伴って新たな問題も浮上しています。相続が発生するタイミングがどんどん遅くなり、相続を受ける人の年齢が高くなっていることです。

1989年の死亡者の年齢を見ると80歳以上が38・9％でした。しかし、2018年には

図表1-7 被相続人の高齢化が進んだ結果「老老相続」が増加

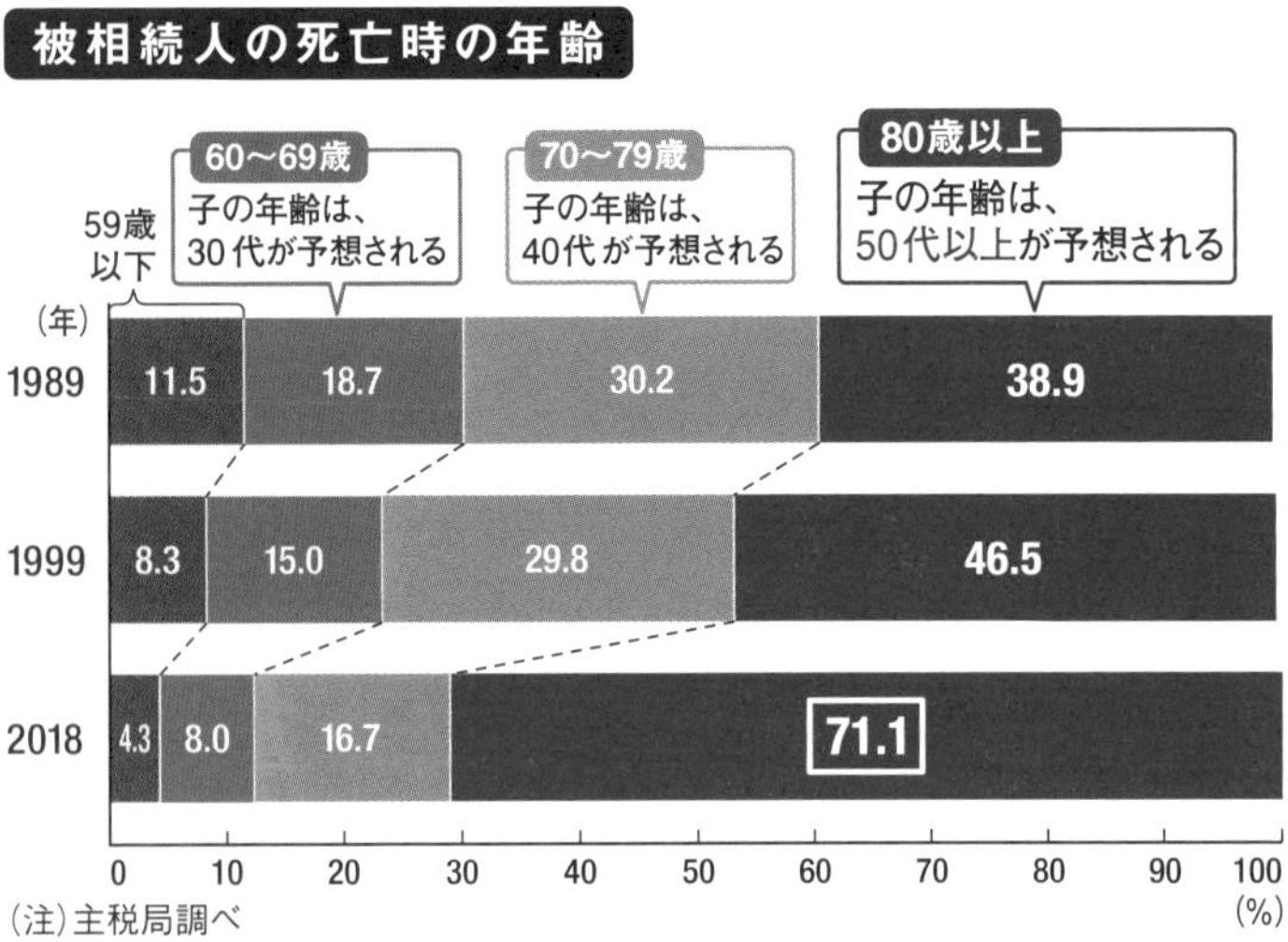

(注)主税局調べ
出典:財務省「資産移転の時期の選択に中立的な税制の構築等について」より作成

なんと71・1%が80歳以上です。「80歳以上」の中には、当然ながら90代、100代で亡くなった人も含まれていますから、相続が発生したときの相続人の年齢は50代〜70代と想定されます(**図表1-7**)。親が90代、子が70代、孫が50代というケースもめずらしくありません。

被相続人(親)と相続人(子)がともに60歳以上の「老老相続」は非常に増えており、新たな相続問題を生んでいます。

もちろん、90代でも心身ともに元気で、生涯現役を標榜し、積極的かつ柔軟に資産の運用や土地活用に取り組んでいる方もいます。しかし、一方で、「私の目の黒いうちは先祖代々の土地は売らせない」と、後継者の提案を一切聞かない方もいます。いよいよ相続が発生して資産を受け継いだときは、すでに後継者も70代。体力・気力が下がり、結局、さまざまな問題を次の世代に先送りしてしまうケースが結構あるのです。

総合的な相続対策をやり抜くには時間とパワーが必要です。これが老老相続のネックの1つです。

2025年、高齢者の5人に1人は認知症に？

もう1つのネックは認知症リスクです。

厚生労働省は2015年1月に発表した認知症施策推進総合戦略の中で「2025年には65歳以上の高齢者の5人に1人が認知症になる」と推計しています。先ほどのグラフを思い出してください。親が亡くなったとき、子はすでに50〜70代。親だけでなく、子である相続人が先に認知症を発症する可能性もあります。

兄弟姉妹も同様です。5人で共有している資産があったら、統計的には共有者の1人が認知症になっても不思議ではありません。これはかなり大きなリスクです。

私たちにも、認知症対策に関する相談が増えています。

しかし、認知症を発症してしまった後ではほとんど打つ手がありません。認知症になると契約行為も遺言書の作成などもできません。ファミリー企業の大株主であれば、さらに大変です。議決権も行使できません。

成年後見制度がありますが、これはあくまでも当人の利益を守るための制度ですから、資産の保存行為はできても、資産の組み替えや運用、投資などの相続対策はほとんどできなくなります。

自分や家族が認知症になるとは誰もが考えたくありませんが、土地持ち資産家やファミリー企業の経営者は大きな資産と責任を抱えています。元気なうちに万全の対策をとっておけば、逆にストレスから解放され、人生１００年時代を楽しめるのではないでしょうか。「備えあれば憂いなし」です。

具体的な認知症対策は後ほど詳しく説明しますが、「民事信託」と「任意後見制度」「遺言書」を組み合わせるのが、柔軟性のある納得しやすい有効な方法です。

【民事信託：131ページ】

老老相続で複雑化する相続関係

老老相続のもう1つの問題は相続関係の複雑化です。

親が90代、子が70代となると、親より先に子が亡くなることもあります。例えば、親が遺言書に「長男に全財産を相続させる」と記したとしても、親より先に長男が亡くなった場合、その遺言書は効力を発揮しません。亡くなった長男の財産は相続人に帰属することになり、もう一度、法定相続人全員の遺産分割協議が必要になります。

これはかなり面倒なことになります。こうした事態を防ぐには、親が遺言書を書き換えるか、「予備的遺言」を使うかです。予備的遺言とは、遺言書の中にさらに次の受遺者を指定しておく方法です。

書き方は簡単で、「長男○○に全財産を相続させる。私より先に長男が死亡したら長男の子△△に相続させる」といった項目を書き加えるだけです。

また、老老相続では相続人も高齢です。病院や施設に入っていたりして、連絡を取るのも集まるのも容易ではありません。追い討ちをかけたのが、コロナ禍です。海外旅行やゴルフ、会食などに飛び回っていたアクティブシニアが、自粛生活ですっかり気力・体力も失ったという話を聞きます。うつ病や軽度の認知症になる、感染が怖くて通院できずに持病が悪化するといったケースもあります。認知症だけでなく、心身の不調による入院や寝たきりも今後増加するでしょう。また、新たな感染症や気候変動による台風や水害の増加、大地震の発生も起こり得ます。

相続対策という観点からすると、親子や兄弟姉妹が直接会って会話する機会が失われたことは大きなマイナスです。「Ａｆｔｅｒコロナ時代」にはこの空白を埋めるとともに、相続対策とあわせて認知症対策や心のケアも進めましょう。

CHECK POINT

◎**人生１００年時代の到来で「老老相続」問題が発生**

◎**契約行為や遺言書作成（書き換え）もできなくなる認知症リスク**

◎**親より先に子が亡くなると孫世代の代襲相続人が相続人に**

◎**「民事信託」「任意後見制度」「遺言書」の組み合わせが新定石**

高まるインフレリスクとグローバルリスク

インフレリスクに備える

『Afterコロナ時代』はインフレになる」という見方があります。これについては経済学者や金融関係者の間でも意見が分かれていますが、仮にインフレになったら、モノの価値が上がり、相対的にお金の価値が下がります。

インフレになったとき、もっともリスクが高い資産は現金です。逆にインフレリスクに強いのは、金やプラチナなどの貴金属、不動産、骨董や芸術品などです。株式などの有価証券や外貨、外貨建ての金融商品もインフレに強いとされています。

しかし、日本人の個人金融資産の90％以上が円資産です。しかも、資産家の中には多額の現金を普通預金に入れたままにしている人も少なくないようです。ほとんど収益を生まないばかりか、インフレになれば間違いなく目減りしてしまいます。

円のグローバルリスク

さらに怖いのは、今後、円の価値が下がる可能性が高いことです。

コロナ対策で日本の財政赤字が膨らんでいます。コロナ予算のほとんどを国債の発行で賄っており、公的債務のＧＤＰ（国内総生産）比は先進国の中で日本が突出しています。日銀が国債などを大量に購入して市場を支えていますが、日銀の財務内容が悪化して信用が低下すれば、円の価値は下落するでしょう。

「不透明な時代こそ、資産の分散が必要だ」と話しましたが、金融資産も時期、国、種類を分散させておくことです。しかし、それ以前に金融商品に対する抵抗感が強いようです。億単位の不動産投資を平気でする人でも、「海外の金融商品に投資するのは１００万円でも怖い。それほど敷居が高い」といいます。「不動産はわかるが金融は学ぶ機会がなかった」という、諸外国と比較した日本の金融に関する教育レベルの低さも要因の１つでしょう。

しかし、今後は「何もしないことが最大のリスク」になる可能性があります。オーソドックスな方法としては、国内外に分散されたバランス型の投資信託を積立投資する方法がありますが、低コストで分散・長期投資を安定して運用したいというニーズの高まりから、当社でも資産家の金融資産の運用をお手伝いするＩＦＡ（独立系フィナンシャルアドバイザー）をスタートさせました。

分離課税で一律20％のメリット

そもそも欧米と比べると、日本の金融資産の構成は特殊です。

アメリカは３割が株式投資、３割が保険、現金は15％未満ですが、日本はほぼ逆で、約半分が預貯金、保険と株式投資が15％程度です（図表１－８）。その結果、過去20年間で家計の金融資産が、アメリカは２・７倍になっているのに対し、日本は１・４倍です（図表１－９）。大きな原因として、金融資産の運用に消極的だったことが挙げられます。

日本では株（投信・債券等も含む）の売買益や利子所得に対する税は分離課税で一律20・315％です。それに対して、総合課税の所得税は累進課税ですから、資産家は30～45％く

図表 1-8 日米における金融資産額の推移

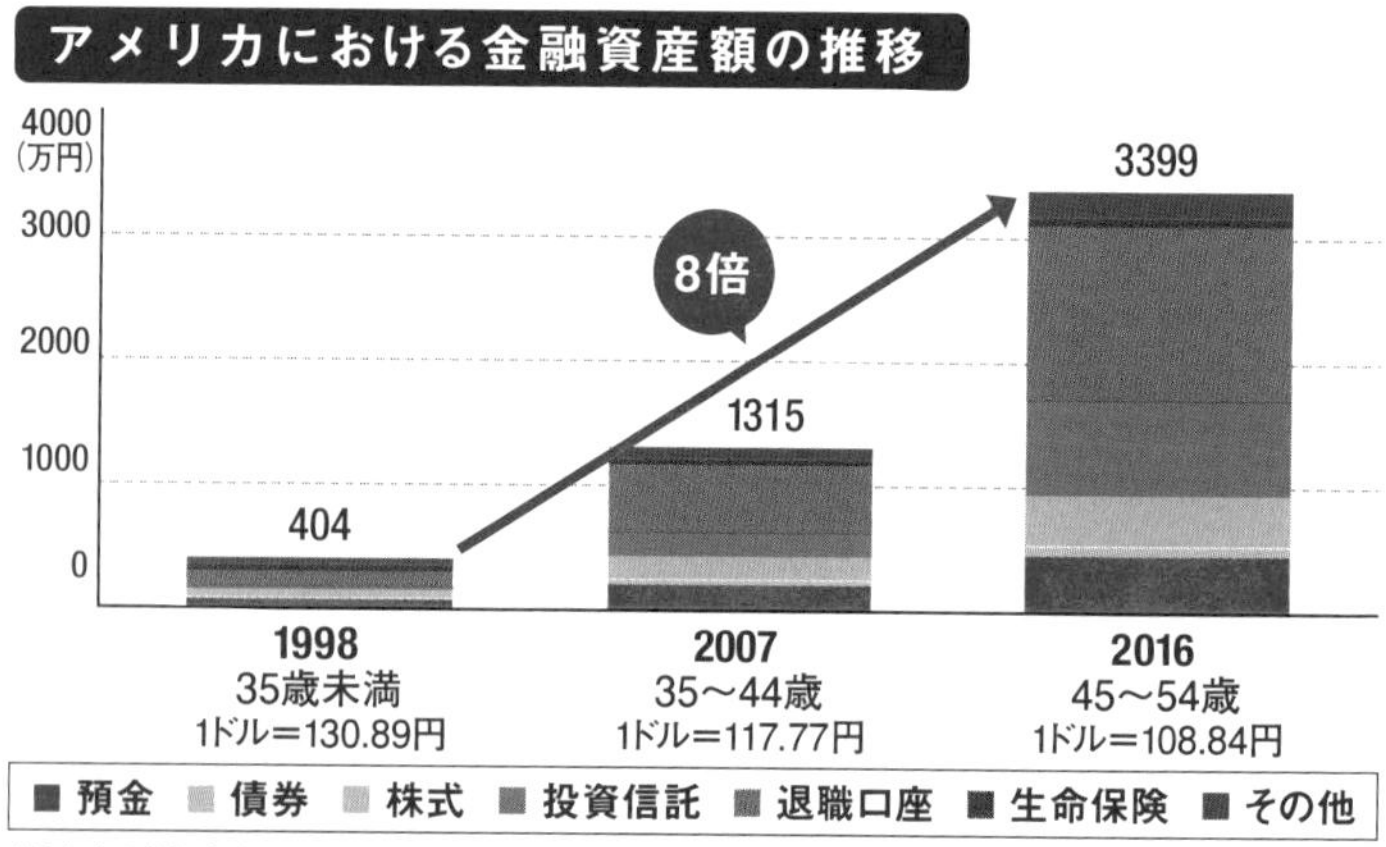

(注) 金融資産額は、各年の円ドル相場の平均を用いて円換算
(資料) FRB「Survey of Consumer Finances」

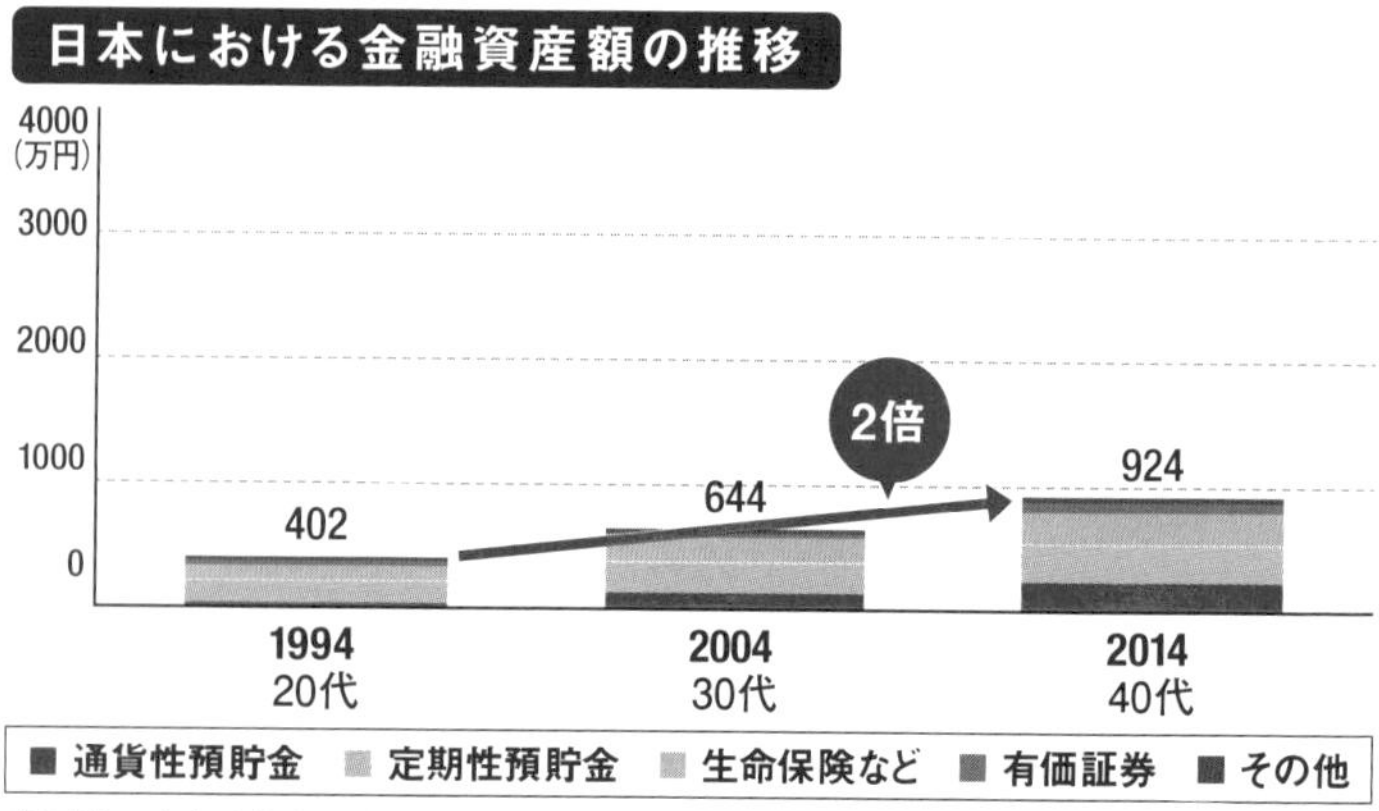

(資料) 日本銀行「外国為替市況」、総務省「全国消費実態調査」

●アメリカでは、退職口座(IRA、401(k)等)、投資信託を中心として、現役時代から資産形成を継続した結果、金融資産は20年間で8倍強に増加

●日本では、貯蓄率が低下傾向にあり、かつ預貯金の割合が高いため、20年間で2倍程度にしか増加しておらず、効果的な資産形成が行えていない

出典:金融庁「人生100年時代における資産形成」より作成

図表 1-9 日米英における家計金融資産の推移

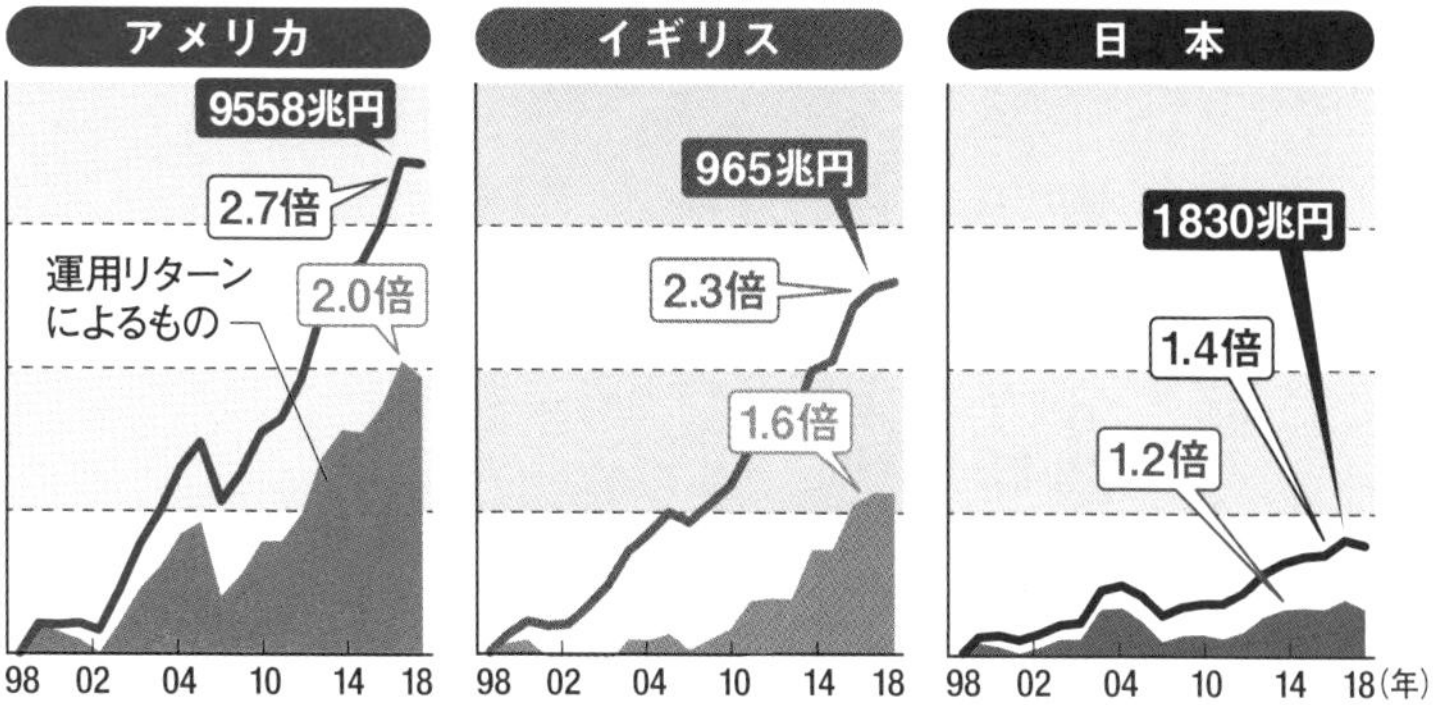

- 日本では運用リターンによる金融資産額の伸びが小さい
- 1998年からの20年を見ると、アメリカ・イギリスでは、それぞれマクロの家計金融資産は2.7倍、2.3倍へと伸びているが、日本では1.4倍にとどまっている。背景として、運用リターンの違いも大きく影響していると分析される

(資料)FRB、BOE、日本銀行より、金融庁作成

出典：金融庁「人生100年時代における資産形成」より作成

らいの税率になります。住民税と合わせると55%に達する人もいます。税金でごっそりと取られて手元に残るお金は意外に少ない上に、高額な相続税もかかってきます。

　こうしたことを考え合わせると、「なぜ、不動産だけで相続対策をしようとされるのですか?」という素朴な疑問が湧いてきます。

　これまで述べた「資産を分散してリスクも分散する」という意味でも、「分離課税が使える」という意味からも、もっと金融商品の運用に目を向けていくべきです。親世代に抵抗があるならば、民事信託を活用して、一定の条件も付与した上で、次の世代に運用を任せることもできるのです。

ここまで「Ａｆｔｅｒコロナ時代」に予見される変化と、それにどう対処すべきなのか。それぞれの変化ごとに対策や解決のヒントをご紹介しましたが、実はすべての事象は絡み合っています。第2章では、複雑に絡み合っている課題をどのように整理して、それぞれの家族にとって「全体最適」な相続対策を組み立てていくか、その考え方と手順をご紹介します。

CHECK POINT

- ◎日本では個人金融資産の90％以上が円資産
- ◎日本の財政悪化により円の価値が下がるグローバルリスクも増大
- ◎不透明な時代に備え海外の金融商品などへ資産の分散が必要になる
- ◎金融商品への資産分散は税制面でもメリットがある

第 2 章

我が家の課題とは？
5つの視点で見つけ出す

相続対策は100家族あれば100通りあります。
第2章では、すべての資産の状況や家族関係を
「5つの視点」で見直すことで、
相続における「我が家の課題」を見つけ出し、
物心ともに健全で最適な形、つまり「全体最適」に導く方法を紹介します。

「部分最適」から「全体最適」へ考え方をアップデート

財産、家族、心の健康を守るために

相続対策は、健康と医療の関係に似ています。

痛みを抑えるために、とりあえず市販の痛み止めを飲む。手軽な方法ですが、あくまでも対症療法です。実はもっと深い病因が隠れているかもしれません。

痛みは身体からの警告です。信頼できる病院で精密検査を受けて原因を突き止め、適切な治療を受ける。生活習慣も改善する。さらに、定期的に人間ドックなどで健康状態を確認する。このほうが健康長寿につながることは、誰もがおわかりだろうと思います。

しかし、相続対策では対症療法がまかり通っています。

健康診断や人間ドックを欠かさない人も、自分の資産が今どういう状態か、全体を把握している人はごく一部です。ましてや、今、相続が発生したらどんなことが起きるか、具体的に問題点を把握して対策を立てている人はさらに少ないものです。

「我が家にとっての全体最適」とは？

世の中には相続対策の情報や商品、サービスがあふれています。書籍やインターネットからも膨大な情報や高度な専門知識が得られます。しかし、それらからは得られない、大事な情報があります。それは「我が家にとっての全体最適」です。

それは、我が家の全体像を知り、「我が家の課題」をつかむことから始まります。多くの土地や不動産、金融資産をお持ちの資産家やファミリー企業の経営者こそ、すべての資産と家族関係の「健康診断」が欠かせません。それが対策の土台です。土台があって初めて「我が家にとっての全体最適」となる相続対策をつくりあげることができます。

対策の順番は次の通りです。

「全体最適」となる相続対策をつくりあげる手順

①すべての資産を洗い出してそれぞれの状態を把握する
②想定される相続税額を試算する
③現状を分析して「我が家の課題」を見つけ出す
④後継者や家族間で情報と課題を共有する
⑤家族間の調整を図りながら相続対策を考える
⑥優先順位を決めて実行する
⑦定期的に現状分析を行い、課題を洗い直す

「全体最適」とは、家全体の課題に対して最適な状態をいいます。「全体最適」にかなった対策を進めていくと成功に近づきます。この反対が「部分最適」で、ある個人の資産だけ、一部の資産だけは最適だが、相続税の納税ができるのか、遺産の分割にはどのような影響があるのかなど、全体ではどうなのかを考慮できていない状態です。このような部分最適を積み重ねると、全体で見ると失敗していたり、将来の失敗の種となっていたりする可能性があります。

もちろん、それぞれの対策の効果は理解できても、すべての影響を個人で把握することはできません。しかし、こうした「考え方」を持つことが非常に重要です。信頼できる専門家と一つひとつ手順を踏みながら、資産も家族関係も「全体最適」になるような相続対策を目指していただきたいと思います。

こうした考え方が根底にあれば、建設会社やハウスメーカーなどから相続対策の提案があったときにも、将来を見通した上で広い視野で判断できます。

次に「木を見て森を見ず」の失敗例を紹介します。

建設会社の言うことを鵜呑みにして高齢者施設を建設

石野さん（仮名、77歳）は、横浜市郊外に複数の土地やアパートを所有する昔からの土地持ち資産家です。

知り合いから紹介された建設会社から高齢者施設の提案がありました。

「運営事業者（借り手）は、当社が責任を持って連れてくるので心配ありません。高齢者施設は今後も安定した需要がありますし、契約期間が30年間の賃貸借契約ですから安心です。

自己資金が少なくても、全額借り入れて建設すれば、相続税はこのくらい下がりますよ」
対策前後の相続税の試算を見せられました。試算によると相続税が半分以下に下がります。あとからわかったことですが、この試算は精緻なものとはいえず、対策前の相続税額は3割ほど高く、借入れの返済が進んだ将来の試算もありませんでした。

先代の相続のとき、相続税の納税のためにかなりの土地を手放しました。「自分の代では同じ轍を踏みたくない」と常日頃から考えていた石野さんは、建設会社の話を鵜呑みにして10億円近い借入れをし、高齢者施設を建設しました。相続税の節税はもちろんですが、最近はアパート経営で空室対策に苦労していたので、この話が魅力的に思えたのです。

建設会社が紹介した高齢者施設の運営事業者と契約期間30年間の賃貸借契約を結びましたが、その内容は著しくオーナー側に不利なものでした。例えば、運営事業者は半年前の通告で無条件に賃貸借契約の解約が可能となっており、賃料の改定も容易にできるものでした。また、契約開始から半年間は賃料を免除するという内容でした。しかし、「これが一般的な契約形態です」と押し切られて契約書に捺印してしまいました。

とんでもない契約内容です。賃料が下がれば手残りが減るばかりか、場合によっては借入金の返済さえ危うくなります。半年前の通告で一方的に賃貸借契約を解約されても、賃貸人である石野さんには何の補償もありません。次の借り手が見つからなかったらこの不動産賃貸事業は破綻します。

このことが原因で、石野さんはこれまで以上のストレスを抱えてしまいました。誰にも相談せず、単独で建設会社と話を進めたため、ほかの選択肢は一切検討していませんでした。当然ながら、建設会社や事業者の選定コンペもしませんでした。おわかりだろうとは思いますが、この事業で得をしたのは高齢者施設を建築した建設会社です。

検査もせず、いきなり手術をするような医者を信じる人はいませんが、相続対策では往々にしてこうしたことが起こります。名医はまず患者の心と身体の状態をカウンセリングすることから始めるそうです。そして、術後の経過観察を怠りません。

本来ならば、次のようなことを検討した上で進めるべきでした。

- **相続税の節税ができたとしても肝心の納税資金は確保できるのか？**
- **すべての資産の中でその土地を活用することがベストなのか？**
- **相続争いにならないような分割対策はできているか？**
- **長期にわたって本当に安定収益が見込めるのか？**

●運営事業者の選定方法や契約内容は適切か？

石野さんが不安を抱えて当社に相談したときには、高齢者施設が運営を開始する直前でした。契約内容の諸条件の交渉など、手を尽くして取り組みました。しかし、契約は有効に成立しています。運営事業者も自らが不利になる変更を受け入れることはなく、できることはありませんでした。大きな不安を抱える状態の中で、現状分析や課題の洗い直しを行い、優先順位の高い課題解決を進めた結果、納税や分割の道筋を立て直すことはできました。

「おいしい話」も一度立ち止まって考える

土地持ち資産家には、一見「おいしい話」がいろいろなところから入ってきます。

最近も、白石さん（仮名、88歳）から「駐車場にコンビニエンスストアから出店したいという話があったのだけど、どうだろう」という相談がありました。

コンビニ側が無利息で建築費を全額用意して、賃料から毎月返済していく建設協力金方式です。自己資金や借入金の負担感もないため、白石さんは乗り気でしたが、「少し待ってください」と分析する期間をつくってもらいました。

先ほどお伝えしたように、「全体最適」となるものでなければ意味がないためです。「事業の収入から支出を差し引いた資金がどのくらい手元に残るのか」「そもそも相続税はどのくらいで納税資金は足りるか」「(足りない場合) 相続が起きたとき、売却できる土地はあるか」といったことをすべて検証した結果、唯一の駐車場は納税用の土地として残しておく必要があり、今回の話は見送ってもらうことになりました。

ちなみに、条件自体は悪いものではありませんでした。納税資金が確保できている人や、ほかに納税用に売却できる土地がある人であれば、検討に値する提案だと思います。実際に検討を進める場合には、ほかのコンビニ運営事業者や、違う活用方法も検証した上で、その土地と財産状況に合った活用方法の検証を行います。土地活用はそのくらい慎重さが求められるのです。

「全体最適」となるような相続対策に欠かせないこと

私たちはまず、資産全体の状況や家族構成、年齢や価値観、希望を聞き、全体像を把握します。その上で個々の資産を分析し、相続税を試算して課題を洗い出します。資産家の場合、課題が複数あって複雑に絡み合っている例がよくあります。それらの課題を解決するには、どの順番でどんな対策を打つのが一番いいのかを考えます。

その上で、例えば「土地を有効活用して収益力を高める」ことが望ましいとなれば、どの土地を活用するのが最善か、どんな用途が最適か、多くの選択肢の中から検討します。

特に土地活用は運用期間が長いので、事業としての健全性をもっとも重視します。10年後、20年後、30年後に事業収入から手元に残る資金を堅めに試算し、建築する場合はどの程度の借入比率が妥当か、個人ではなく資産管理会社が建てた方がよいかなども検討します。運用期間にはさまざまな「まさか」が起こり得ますので、分析の結果によっては一部の土地を売却して借入比率を下げることもあります。

入口が違えば、結果はこんなに違う

私たちが資産の分析から関わった案件で、前述の石野さんの例と同様、保有する土地に高齢者施設を建設した平井さん（仮名、70歳）の例があります。

平井さんは入念に現状分析を行った結果、財産の分割方針を決定し、相続税の納税方針も決定しました。課題を1つずつ解決していく中で、収益性の改善を目的に長年にわたり駐車場として活用していた土地の最有効活用を検証することになりました。

ホテル、スーパーマーケット、自動車販売店など多くの選択肢を検討した上で、保育園と社会福祉施設を合わせた建物を建設しました。運営事業者の選定にあたっては、20社以上を検討した上で入札を実施しています。競争原理が働きますから、優良な運営事業者と有利な条件で契約することができました。建設会社や設計業者、さらには融資する金融機関も入札で選定しています。

上場企業である運営事業者との賃貸借契約内容についても、解約予告は1年前とし、解約条件として「施設を建築した際の借入れの残債を払うか、同等の条件で入居する次の事業者を連れてくるか、どちらかを満たすこと」という条項を入れた賃貸借契約を公正証書で結びました。

同じ高齢者施設でも、石野さんと平井さんの例は入口から違います。

前者の建設会社は「まず、建設ありき」ですが、私たちは「資産全体を見て何をすべきか、すべきではないか」からスタートしました。そして、平井さんの立場に立って、多くの選択

図表 2-1 「部分最適」な相続対策

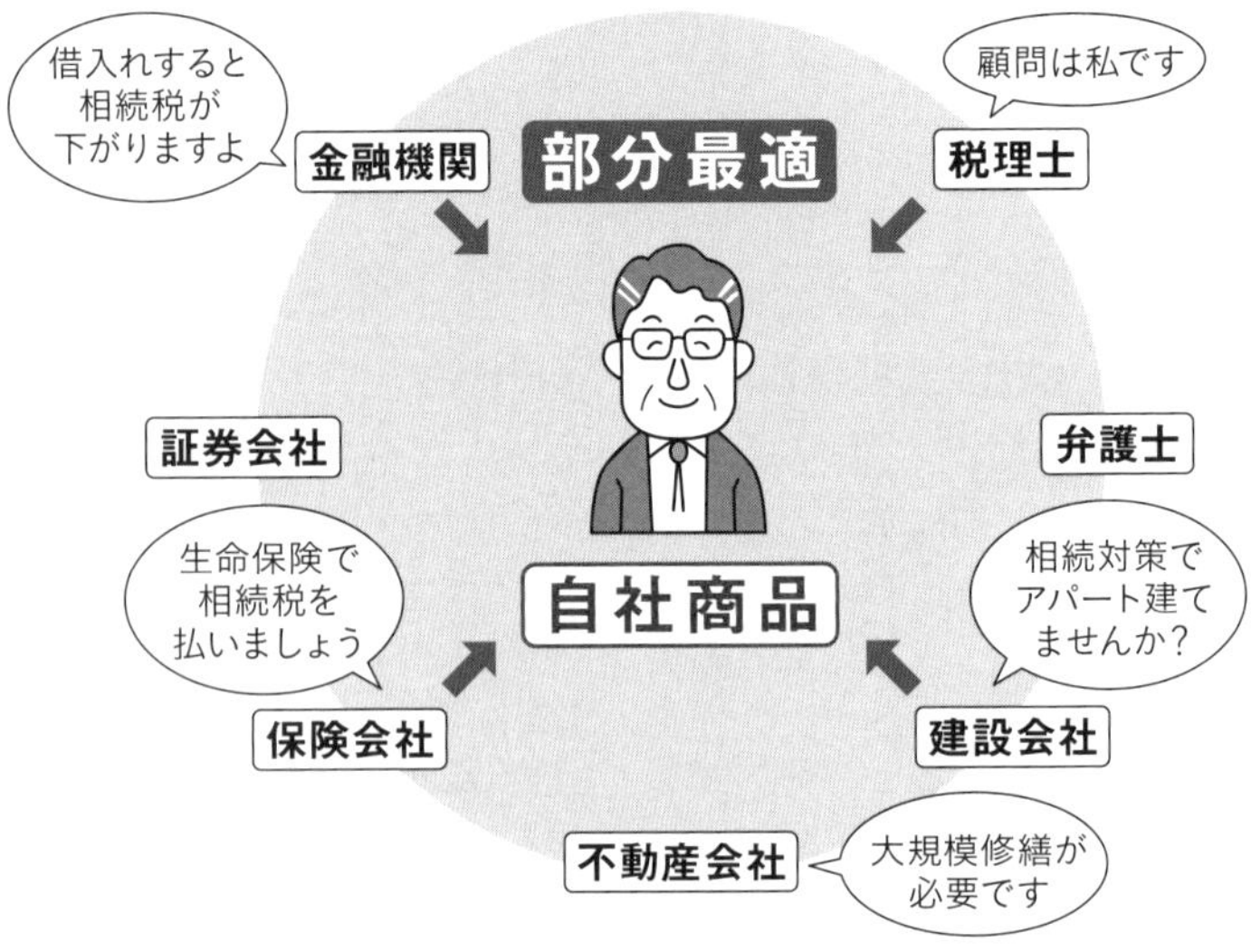

図表 2-2 「全体最適」な相続対策

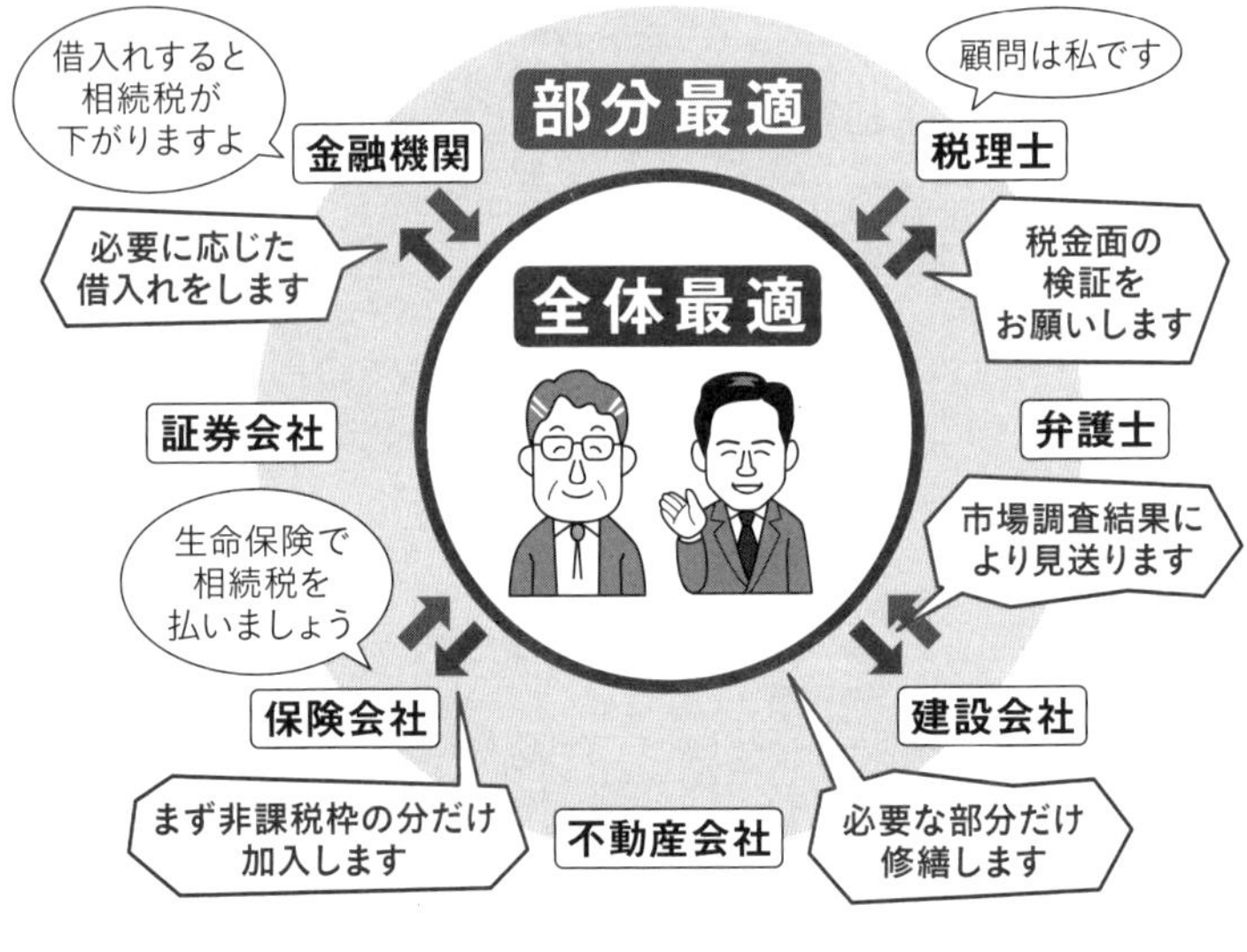

肢から最善の土地の活用方法と事業者を選定しています。

この結果、安全性が高い土地活用が実現して、収益性が大きく改善されたので、平井さんが長生きすればするほど、相続時に売却する土地が少なくて済む納税プランとなりました。

これが「部分最適」しか考えていない対策と、「全体最適」を目指す対策の大きな違いです（図表2-1、図表2-2）。

不動産の運用は長期にわたります。途中の軌道修正は難しいものです。くれぐれも入口を間違えないことです。

「とりあえず」の対策には要注意

「部分最適」としか思えない相続対策を、いわゆる税務のプロから提案される例もあります。

典型的なのは「とりあえず」という言葉がつく対策です。

「とりあえず、兄弟姉妹での共有にしておきましょう」

これは問題の先送りにすぎません。

例えば、兄弟姉妹の共有になったアパートは当事者意識が薄かったり、意見が合わなかったりなど、適切な管理運用や修繕ができず、空室が増えて「負」動産になりかねません。共有財産は売却するのも大変です。そのうちに相続が発生してさらに共有者が増える、誰かが認知症を発症して実質的に凍結状態になるといった悪循環に陥る可能性も高くなります。

同様に、ファミリー企業の株を兄弟姉妹で共有した結果、経営権が曖昧になり、事業に支障をきたす例がよくあります。経営に関わっていない株主からは「流動性もないし、配当も少ない」と不満が出ます。場合によっては、買い取りを要求されることもあります。

安易な共有は部分最適の典型であり、トラブルのもとです。当社でも、その事後対応となる共有解消の相談例は後を絶ちません。専門家ならば、当然そうしたことはわかっているはずです。しかし、家族間の調整がいかに面倒で手間がかかるかもよくわかっているので、「火中の栗を拾う」ことを避けるのかもしれません。

時間的な問題もあります。遺産分割協議は相続発生後10カ月以内にまとめなければなりません。土地持ち資産家やファミリー企業の経営者の場合、この短期間に協議の内容をまとめあげるのは大変です。事前に対策をとっていないと話がまとまらず、「とりあえず共有」となりやすいのです。

【共有の解消：144ページ】

CHECK POINT

◎多くの資産家が相続に関する具体的な問題点を把握していない

◎必要なのは「我が家にとっての全体最適」

◎一見「おいしい話」でも財産全体への影響を考える

◎不動産や自社株式の安易な「共有」は絶対に避ける

5つの視点で「我が家の課題」を見つけ出す

資産家をさいなむ「不安」「不満」「不足」

資産家ほど「不安」「不満」「不足」という3つの「不」に悩まされているように感じます。すなわち、将来、資産や地位や立場を失うことへの「不安」、家族間や一族間の不公平感から生まれる「不満」、そして、莫大な相続税の納税資金の「不足」です。

人生100年時代をストレスなく楽しむには、3つの「不」を解消する対策が必要です。

前述のように、「我が家にとって全体最適」な対策を考える上で、特に欠かせないことは「現状分析」と「課題の抽出」です。たとえどんなに課題が多く複雑であっても、「我が家の課題」さえ正確につかめれば、解決の糸口は必ず見つかります。

それを考えるのが、私たちの仕事です。

解決すべき課題が難しければ難しいほど、コンサルタントは燃えます。誰でも簡単に解決できる問題であれば、私たちに依頼していただく必要はありません。言い換えれば、私たちは常日頃から一筋縄ではいかない課題に取り組んでいます。

次に、5つの視点で現状分析と課題の抽出をする方法を紹介します。

「5つの視点」を「5つの質問」で確認する

5つの視点とは、「円滑な財産承継」「円滑な経営承継」「納税資金の確保」「財産の運用と保全」、そして「まさかへの備え」です。

これらの視点で、全資産と家族の関係を見直すことが大変重要であり、「全体最適」になる対策を考える原点です。判断に迷うことがあったら、ここに立ち返って考えれば、対策を大きく間違えることはありません。

5つの視点について具体的なイメージを描いてもらうため、それぞれの項目ごとに5つの問いを立て、その内容を簡単に説明します。実際のコンサルティングでは、もっときめ細かく状況を聞いて判断しますが、本書では、読者が参加しやすいようにそれぞれの問いを5つに絞りました。

「5つの視点」×「5つの質問」=25の質問に答えることで、おのずと「我が家の課題」が見えてくるようにしています。それぞれの問いに「はい」の数が多いほど理想的ですが、「はい」が少なくても一向にかまいません。目的はあくまでも「我が家の課題」を知ることだからです。前述したように、課題さえわかれば対策はいくらでもとれます。

各項目の終わりにチェックシートをつけましたので、自分で判定してみてください（**図表2-3～図表2-7**）。皆でやれば、家族で相続について話し合うきっかけにもなるでしょう。

「はい」は「○」印、「いいえ」は「×」印、「はい、とは言い切れないが、いいえ、でもない」は「△」印、「（我が家には）該当しない」は「－」印を付けてください。判断しにくい質問は判定のヒントをつけましたが、直感で判断しても大丈夫です。

視点1 円滑な財産承継

財産を円滑に次の世代に渡すために、もっとも大切なことは財産承継の方針を決め、家族で合意することです。争いの火種を取り除く配慮や対策もとっておくことです。

あなたの場合はどうでしょう。5つの質問で確認してください。

【問1】財産の承継方針（遺言の作成）は決まっていますか？

円滑な財産承継にもっとも重要なのは、「誰にどういう形で資産を渡すか」という方針が決まっているかどうかです。次にその方針を示す遺言書を作成することです。

遺言書は、本人の意志を表すもっとも有効な手立てであり、何よりも優先されます。遺言書には、「付言」という形で、このように決めた理由や家族への感謝、希望することなどを自由に加えることができます。付言には法的拘束力はありませんが、分割理由とともに遺留分を請求しないように自分の気持ちを書き残しておくと、相続人間のわだかまりを収めることもあります。また、親も子も高齢であれば、自分より先に後継者が亡くなった場合の次の受遺者を遺言で指定しておくこともできます（予備的遺言）。

また、遺言書にない資産については遺産分割協議が必要になりますから、家族構成や資産の内容が変わったときは遺言書を書き直す必要があります。

図表 2-3 **円滑な財産承継**

	分析項目	判定	問題点・課題
1	財産の承継方針（遺言の作成）が決まっているか	□方針も遺言もできている ➡〇 □どちらか一方 ➡△ □どちらもまだ ➡×	
2	相続人が争わないよう配慮されているか	□配慮している ➡〇 □検討中 ➡△ □考えていなかった ➡×	
3	家族は承継方針を理解しているか	□家族に伝え、おおむね合意 ➡〇 □配偶者と後継者には伝えた ➡△ □誰にも話していない ➡×	
4	承継方法や時期が決まっているか	□検討して実行 ➡〇 □検討中 ➡△ □全く考えていなかった ➡×	
5	不動産を共有状態にしていないか	□していない ➡〇 □子や孫とは共有している ➡△ □している ➡×	

【問2】 相続人が争わないよう配慮がされていますか？

円満に相続を終えるには、財産の分配のバランスにも一定の配慮が必要です。土地持ち資産家やファミリー企業の経営者の場合、家や事業を継ぐ人に資産や株を集中させることは重要ですが、ほかの相続人にも配慮しておかないと遺産分割協議でもめる可能性が高くなります。

【問3】 ご家族は承継方針を理解されていますか？

元気な間に承継方針を、家族、少なくとも配偶者と後継者にはきちんと説明して理解を得ておく必要があります。もちろん、家族全員が合意していれば、それに越したことはありません。

【問4】 承継方法や時期が決まっていますか？

資産の承継は相続時とは限りません。生前に、次の世代に資産を移す方法はいろいろあります。まず、生前贈与があります。そのほかにも、民事信託を使って、一部の資産の運営や運用を後継者などに託すこともできます。

承継方法や承継時期で税負担が大きく変わってくる可能性があるため、いつ、どんな方法で資産を移すのが我が家にとってベストなのか、検討しておくことです。

【問5】共有している不動産はありませんか？

繰り返しになりますが、共有不動産は維持、管理、売却が大変厄介です。仲がよくない、連絡が取れないという例はもちろんですが、兄弟姉妹の共有者が高齢になれば、誰かが認知症になったり、相続が発生して共有者がねずみ算的に増えたりするリスクが高まります。一刻も早く共有状態を解消するべきです。

【共有の解消：144ページ】

視点2　円滑な経営承継

ファミリー企業の経営者に関わる項目ですが、土地持ち資産家も不動産事業や資産管理会社に置き換えて確認してみてください。経営者とその後継者がともに合意・納得して、事業を発展させることができる形になっているでしょうか。

【問1】後継者が決まっていますか？

後継者の決定は非常に重要です。後継者が決まっていないと事業継続に支障をきたすだけでなく、将来相続が発生した際には、自社株が分散してしまう可能性があります。また、後継者に自社株を移す事前対策もできず、ご当主の相続税評価のままとなる可能性があります。後継者候補の経営能力に問題がある場合は、経営者としての能力育成やほかの候補者の選定、さらに、「M＆A」と呼ばれるほかの企業や事業の合併・買収なども検討する必要があります。

【問2】後継者の承継意思は明確ですか？

後継者の意思が明確でない場合は、できるだけ早く確認しておきましょう。さまざまな対策の遅れにつながります。

【問3】現時点で経営権が確保（自社株式の集約または不動産の持ち分）できていますか？

オーナー家の議決権割合が3分の2以上確保できていることが、安定した経営権を確保する上で望ましい状態です。確保できていない場合は自社株の集約が課題になります。

図表 2-4 **円滑な経営承継**

分析項目	判定	問題点・課題
1 後継者が決まっているか	□決まっている ➡○ □決まっていないが、いつまでに決めるという時期は考えている ➡△ □決まっていない、後継者なし ➡×	
2 後継者の承継意思が明確であるか	□明確 ➡○ □迷っているようだ ➡△ □確認していない ➡×	
3 現時点で経営権が確保(自社株式の集約または不動産の持ち分)できているか	□2/3 以上確保 ➡○ □対策中 ➡△ □2/3 未満、未対策 ➡×	
4 将来にわたり健全な事業収支が見込めているか	□成長期 ➡○ □成熟期 ➡△ □衰退期 ➡×	
5 借入れだけに頼らない経営ができているか	□問題なく返済できる ➡○ □現在は問題ないが状況次第では苦しい ➡△ □すでに返済が滞っている ➡×	

【問4】将来にわたり、健全な事業収支が見込めていますか？

現在の事業の状況は「成長期」「成熟期」「衰退期」のいずれに該当するでしょうか。例えば、売上高成長率が横ばいであれば成熟期と判断します。衰退期であれば、成長戦略の策定が急務です。

【問5】借入れだけに頼らない経営ができていますか？

相続税の節税を目的に、過大な借入れをして不動産事業を行うことは大きな誤りです。資産家の場合は、収入から支出を差し引いてどのくらいの資金が手元に残るのかを示す「キャッシュフロー」と呼ばれる指標が、不動産事業における借入れ返済後に黒字で、将来にわたり返済余力があるかどうかで判断します。

事業会社の場合は、有利子負債キャッシュフロー倍率（会社の返済能力を表す指標）、自己資本比率（財務の安全性を示す指標）を業種に応じて当てはめてみてください。

視点3　納税資金の確保

相続税の納税資金の確保（目途）は必須条件です。正確な相続税額を把握していないと対策を間違えます。「節税ありき」の対策をした結果、相続税額が減ったけれど納税資金も減ってしまい、納税資金が不足する例は非常に多く見られます。相続対策の優先順位は、まず「納税対策」です。その次に「分割対策」です。「節税」を目的にした対策は失敗します。

【問1】将来（10年後）に想定される相続税額を把握していますか？

相続税額を把握していない人は大勢います。数年前に試算したものや、不動産業者が営業の一環として試算した数値は間違っていることがあります。専門家に精緻な試算を依頼することをお勧めします。なお、不動産などの収入や収支、借入金額が変われば相続税額も変わるため、現在だけでなく将来の想定試算の把握も重要になります。

【問2】納税資金が確保できていますか？

現在の相続税（一次相続、二次相続の合計）に対する、換金性の高い資産（現金、預貯金、

図表 2-5 納税資金の確保

分析項目	判定	問題点・課題
1 現在、将来(10年後)に想定される相続税額を把握されているか	□正確に把握している ➡○ □ざっくりとはわかる ➡△ □全くわからない ➡×	
2 納税資金が確保(目途が立っている)されているか	□確保または目途が立っている ➡○ □納税プランを検討中 ➡△ □未着手 ➡×	
3 同族法人を活用した納税プランができているか	□実行中 ➡○ □検討中 ➡△ □なし ➡×	
4 親族間や同族法人への不必要な貸付金はないか	□ない ➡○ □ある ➡×	
5 納税用の不動産を売却する際の障害がないか	□障害なし ➡○ □一部問題あり、対策を検討中 ➡△ □調査していない ➡×	

株式等）の割合で判断します。金融資産だけでは納税資金が足りない場合は、売却する資産の特定や状態の整備を進めるとともに、資産を活用して収益力を高め、納税資金を確保する対策が必要です。

【問３】同族法人を活用した納税プランができていますか？

資産家の納税資金づくりや、永続的な繁栄の器として法人の活用は有効です。例えば、家族を役員とした法人（資産管理会社）に建物を移転（譲渡）することで、法人で納税資金を貯めることができ、家族には役員報酬という形で資産を移転することができます。相続が発生した際には土地（底地）を法人に売却して納税資金に充てる方法もあります。

【問４】親族間や同族法人への不必要な貸付金はありませんか？

親族や同族法人への貸付金は被相続人の財産として相続人に相続税が課されますので、注意が必要です。

【問5】納税用の不動産を売却する際の障害はありませんか？

納税用の不動産を円滑に売却するには、確定測量や、入居者との賃貸借契約書の整備、道路への接道などが必要です。事前に準備をしておくことです。

折り返し地点が過ぎました。後半戦に突入です。

視点4　財産の運用と保全

資産を最適な方法で運用して収益力を高め、経済的な安定を図りながら相続（納税資金の確保等）にも備えたいものです。それには、すべての不動産のキャッシュフロー（収入から支出を差し引いてどのくらいの資金が手元に残るのか）を把握した上で、後述する4つに分類することが大切です。分類・整理して可視化することで、次の展開が見えてきます。

【問1】家全体のキャッシュフローを把握していますか？

複数の資産（不動産、金融資産）を保有している場合、家全体のキャッシュフローはもち

図表 2-6 財産の運用と保全

	分析項目	判定	問題点・課題
1	家全体のキャッシュフローを把握しているか	□把握している ➡○ □全部は把握しきれていない ➡△ □把握していない ➡×	
2	不動産の4つの整理（利用する、残す、備える、処分・改善する）ができているか	□分類できた ➡○ □迷っている、家族で意見が違う ➡△ □そもそも全部の不動産を把握しきれていない ➡×	
3	以下の賃貸不動産が含まれていないか ①収益性が低い（空室が多い等） ②築年数が経って修繕費用が大幅にかかる見込み ③人口減少地域等にあり今後収益性が低くなる見込み ④借入れ過多でCFが赤字（バブル期の相続対策マンション等） ⑤旧耐震、違法建築（遵法性・無道路）	□なし ➡○ □一部あり ➡△ □状況や状態を把握していない ➡×	
4	同族法人の最適な活用ができているか	□実行中 ➡○ □法人はあるが、十分に活用していない ➡△ □なし ➡×	
5	グローバルな金融資産運用はできているか （例）種類 時間 地域 通貨	□一定割合を円以外で運用中 ➡○ □検討中 ➡△ □すべて円で持っており、運用もほとんどしていない ➡×	

ろんですが、物件ごとのキャッシュフローを把握することが重要です。

【問2】不動産の4つの分類ができていますか?

残したい不動産を確実に残すためには、売却する資産、活用する資産を特定して実行に移す必要があります。そのためには、まず、保有不動産を「利用する」「残す」「備える」「処分・改善する」の4つに分類してみてください。

保有不動産の分類

①利用する:利用して稼ぐ資産
②残す:保有する資産、次世代に残す資産
③備える:相続税の納税に備えておく資産
④処分・改善する:処分、活用方法を改善する資産

【問3】以下の賃貸不動産が含まれていませんか?

次のリストにあるような賃貸不動産は、いずれも「負」動産、あるいはその予備軍であり、相続人にとっては「あまり欲しくない資産」です。売却、用途変更、リニューアル、組み替え、耐震補強、遵法化など、適切な対策が望まれます。

「負」動産、あるいはその予備軍

① 収益性が低い（空室が多い等）
② 築年数が経って修繕費用が大幅にかかる見込みだが、確保はできていない
③ 人口減少地域等にあり、今後収益性が低くなる見込み
④ 借入れ過多でキャッシュフローが赤字（バブル期の相続対策マンション等）
⑤ 旧耐震基準の建物、違法建築（遵法性・無道路）

【問4】同族法人の活用ができていますか？

財産の保全と運用には同族法人の活用が有効です。法人を活用することで、永続的な資産の承継ができるだけでなく、高度な活用ができれば一族の絆をつなぐ器にもなります。

【問5】グローバルな金融資産の運用はできていますか?

不動産と同様、金融資産も種類、時間、地域、通貨を分散させ、リスクの分散を図りつつ、運用していく必要があります。

ここまではいかがでしょうか。次で最後の視点になります。

視点5 まさかへの備え

今回のコロナ禍も「まさか」でしたが、長寿化や経済のグローバル化、地球温暖化によるさまざまな自然災害の増加など、「まさか」への備えの重要性が高まっています。

【問1】急死や認知症への備えができていますか?

承継の方針や遺言書の作成などの相続対策が間に合わないまま、急な相続が発生すると、資産の承継や会社経営、家族の生活に著しい影響が出ます。相続対策を講じていても予定通りに実行できず、資産を大きく毀損したり、相続争いが起こったりする可能性があります。

図表 2-7 まさかへの備え

	分析項目	判定	問題点・課題
1	急死や認知症への備えができているか	□対策済み ➡○ □検討中 ➡△ □考えていない、考えたくない ➡×	
2	○○ショックなどの急な家賃下落や金利上昇への備えができているか	□対策済み ➡○ □検討中 ➡△ □考えていない、考えたくない ➡×	
3	災害危険地域に不動産を所有していないか	□なし ➡○ □一部あり ➡△ □危険度を把握していない ➡×	
4	地域や種類を分散して不動産を所有しているか	□おおむね分散している ➡○ □分散を検討中、対策中 ➡△ □集中している ➡×	
5	円以外の金融資産への分散投資ができているか	□円以外の金融資産や金融商品がある ➡○ □検討中、任せきり ➡△ □なし、リスクが高そうなのでやりたくない ➡×	

また、株主が認知症などになった場合、議決権が凍結されます。契約行為などもできないため、計画通りの相続対策が実行できず、保留状態になってしまいます。状況に応じて遺言書の作成、民事信託の活用を行い、万が一の場合に備える必要があります。

【問2】経済危機や金利上昇など、事業環境の急変に対する備えができていますか？

資産（現金、有価証券、不動産など）の適切な分散が有効です。不動産は種類、取得時期、地域を分散させ、金融資産は種類、時間、地域、通貨を分散させることで、損失を抑えることができます。また、会社経営、不動産事業ともに過度な借入れをしないこと。金利が上昇すれば、経営や事業に大きな影響が出ます。

【問3】自然災害危険地域に不動産を所有していませんか？

各地で自然災害が多発し、被害も甚大になっています。洪水、土砂災害、地震、高潮、津波などの危険度の高い地域にある不動産は、大きな被害を受ける可能性があります。それぞれの地域の自然災害による被害予測は、市町村などが発表している被災想定区域や避難場所・避難経路などを表示した「ハザードマップ」と呼ばれる地図で確かめることができます。

【問4】地域や種類を分散して不動産を所有していますか？

問2、問3とも関連しますが、同じ地域に同じ種類の不動産を集中して保有していると、その地域の市況が悪化すれば一気に大きな影響を受けます。不動産の運用は長期にわたるので特に注意が必要です。

【問5】円以外の金融資産への分散投資ができていますか？

第1章で触れたように、日本の財政破綻への危惧による円の価値の下落が懸念されていますが、日本の個人金融資産の9割以上が円資産です。円の下落や世界的なインフレに備えるためにも、金融資産の一定割合を円以外の金融商品や金融資産に分散しておくことです。

こうした配当所得は分離課税（20・315％）です。所得税の実効税率が一定以上を超える方は、総合課税となる不動産所得や給与所得を増やし続けるよりも、ある程度は金融資産による所得を持つことが、効率的な資産形成、リスク分散、相続税原資の確保に有効です。

「×」が多いほど、改善効果も高い

いかがでしょうか？　想定内、想定外両面の課題が見つかったのではないかと思います。「×ばかりだった」とがっかりしないでください。見方を変えれば、「×」が多いほど改善効果も大きいということです。

では、これを踏まえて、次の章では青山家をモデルにもう一歩分析を進めます。

CHECK POINT

- ◎資産家を悩ます「不安」「不満」「不足」という3つの「不」
- ◎「5つの視点」で現状分析と課題の抽出をする
- ◎「我が家の課題」を知れば必要な対策がわかる
- ◎課題が多いほど改善効果も大きい
- ◎課題に優先順位を付ける

column 1

危急時遺言
～「まさか」のときの切り札～

「まだまだ元気だから」と遺言書の作成を先送りしていないでしょうか。しかし、「まさか」の事態は誰にでも起こり得ます。

そんなときの切り札が「危急時遺言」です。例えば、ご当主が緊急入院されて、意識はあるけれど身体の自由が利かない状態など、こうした命の危険が迫っている状況において、次の要件・手順で危急時遺言の作成ができます。

① 3人以上の証人が立ち会うこと（身内などの利害関係者は除く）

② 遺言者から口授を受けた内容を証人の1人が書面にまとめる

③ 作成した書面を遺言者と証人が閲覧、または読み上げて正確であるかを確認する

④ 証人3人が書面に署名・捺印する

危急時遺言は、作成した日から20日以内に証人の1人、または利害関係者から家庭裁判所に提出し、「内容や形式に不備がない」という確認手続きを経て有効と認められます。ただし、あくまで「まさか」のときの切り札ですから、そうなる前に、遺言書の作成を進めてください。

第 3 章

青山家の相続

～モデルケースで追体験する～

第3章では、青山家をモデルに資産と家族関係を分析し、私たちが理想と考える「全体最適」な相続対策を説明します。「我が家」に置き換えながら読み進めていただければと思います。章の最後には、ご自身の資産を棚卸しできるように表やグラフを用意しました。

資産は多いが現金が少ない青山家どこから手をつければ？

青山家の家族構成と資産概要

ここでは、青山孝太郎さんという架空の資産家にコンサルティングを行うという設定で、相続対策の考え方と手順を見ていきます。一連のコンサルティングを追体験してもらうのが目的ですので、青山家の資産内容や課題は比較的シンプルにしました。

青山家の家族構成です（**図表3-1**）。青山孝太郎さん（75歳）、妻の優子さん（70歳）。長男の隆さん（45歳）は会社員で、妻と2人の子どもと東京のマンション住まい。長女の理恵さん（40歳）は、ご主人と子ども1人と実家の近くに住んでいます。法定相続人は配偶者の優子さん、長男の隆さん、長女の理恵さんの3人になります。

図表 3-1 青山家の家族構成図

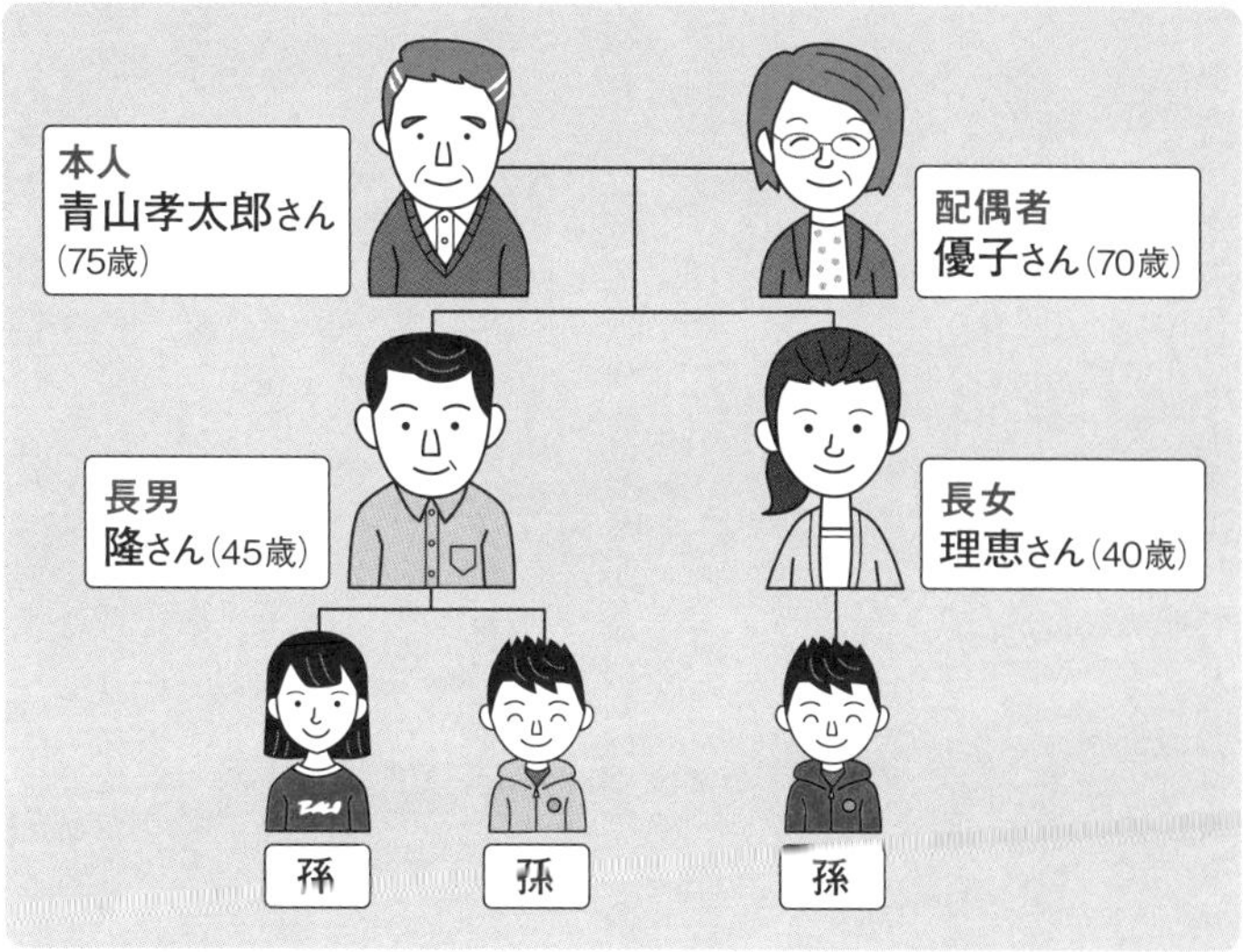

孝太郎さんと長男の隆さんとはしばしば意見が対立しており、隆さんは青山家を継ぐことをためらっています。一方、理恵さんは青山家を継ぐ意思はなく、不動産の収支や相続税などは気にも留めたことがありませんが、いずれは半分程度相続できるのではないかという思惑はあります。

青山家は東京都下のT市に自宅のほか、アパート、駐車場、底地（借地権付きの土地の所有権）などを自宅の周辺に所有しています。資産のほとんどが不動産で、金融資産の預貯金と生命保険金は各3000万円のみ。そのほかに資産管理会社があり、株式のすべてを孝太郎さんが保有しています。負債は、建築したばかりのアパートAのローン残高が3億円あります。図表3-2が、青山家の全資産のリストです。それをまとめたものが図表3-3です。相続税評価上の資産総額は11億円。そこから借入金の3億円と生命保険金の非課税枠を引いた課税資産の総額は7億8500万円です（基礎控除適用前）。

意外な盲点、非上場株式（自社株）の評価

資産評価を見て孝太郎さんが驚いたのは、資本金300万円の資産管理会社の株式の相続税評価額が3000万円ということです。これまで株式の試算を一度も行ったことはなく、「資本金の額＝株価の基準」と思い込んでいました。

非上場株式の評価は資本金の額ではなく、法人が保有している資産や売上高、利益、配当などによって決まります。したがって、安定した利益を積み重ねた結果として、純資産がしっかりとある資産管理会社の株式の評価は高くなる場合があります。

自社株の問題は相続対策のポイントの1つです。資産管理会社の場合、個人が所有している建物を資産管理会社に譲渡して家賃収入を得る、建物を借り上げて手数料を引いて本人へ

図表 3-2 青山家の全資産リスト

●現金・預貯金

預金種目	相続税評価額
現預金（日本円のみ）	3000万円

●有価証券・生命保険・死亡退職金

種　目	相続税評価額
生命保険 合計	3000万円
生命保険金の非課税金額(500万円×法定相続人数3人)	▲1500万円
生命保険 非課税金額差引後	1500万円

●非上場株式

会社名	1株当たりの評価額	保有数	相続税評価額
自社株式	3万円	1000株	3000万円

●土地

名　称	持ち分	評価率	相続税評価額
自宅（居住用小規模宅地の評価減適用後）	1/1	100	7000万円
アパートA	1/1	80	1億3900万円
アパートB	1/1	80	7200万円
アパートC	1/1	80	1億3800万円
駐車場A（共有）	1/5	100	5700万円
駐車場B	1/1	100	1億2000万円
生産緑地	1/1	95	1億2900万円
底地（3件）	1/1	40	7500万円
未利用地（共有）	1/5	100	5000万円

●建物・構築物

名　称	持ち分	評価率	相続税評価額
自宅	1/1	100	2000万円
アパートA	1/1	70	9000万円
アパートB	1/1	70	1800万円
アパートC	1/1	70	3000万円

●金融機関等借入金

預金種目	残　高	持ち分	相続税評価額
金融機関等借入金(不動産事業)	3億円	―	3億円

相続税（試算額）	
⑥一次相続税 ※2	1億2782万円
⑦二次相続税 ※2	1億919万円
⑧相続税（試算額）（⑥+⑦）※3	2億3702万円
①換金性の高い資産（納税資金）	6000 万円
⑨納税資金過不足額（①－⑧）	▲1億7702万円

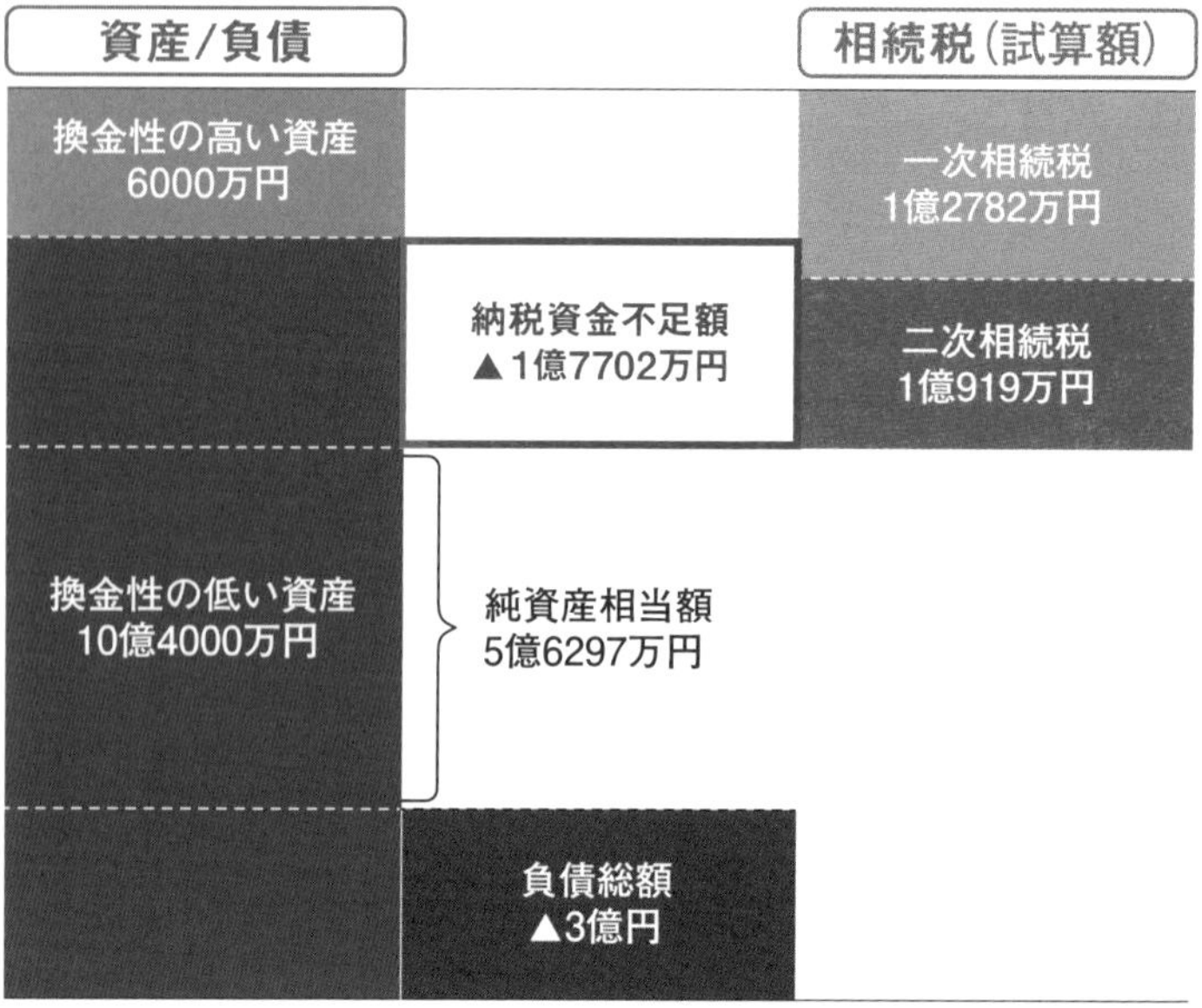

（相続税実効税率：30.19%）※3

※1 基礎控除を適用する前の額
※2 各種軽減を適用した後の額
※3 換金性の高い財産＝納税資金と仮定

図表 3-3 青山孝太郎さんの相続税資産額

資産/負債	
科　目	相続税評価額
現金・預貯金	3000万円
有価証券	—
生命保険金	3000万円
死亡退職金	—
その他	—
①換金性の高い資産	**6000万円**
土地	8億5000万円
建物	1億6000万円
非上場株式等	3000万円
その他	—
②換金性の低い資産	**10億4000万円**
③資産総額(①+②)	**11億円**
④保険金等の非課税額	**▲1500万円**
⑤負債総額	**3億円**
課税資産総額(③+④+⑤)※1	**7億8500万円**

戻すといった使い方が主流です。青山家では後者でした。どちらも有効な方法ですが、株式の相続税評価がどの程度になるのかは頭に入れておきましょう。

なお、株式が分散していたり、出資者との貸付けや借入れがあったりすると課題がさらに複雑になります。株式の集約や問題点の解消が重要な対策になります。自社株式の評価額にとらわれて安易に3人で相続することは避けるように対策を考えておく必要があります。

相続税は合計2億円超で納税資金が足りない

さて、青山家の相続税（試算額）は、法定相続割合で分割した場合、一次相続時が1億2782万円、二次相続時が1億919万円。合計2億3702万円でした。相続税実効税率は、一次相続と二次相続を合わせて約30％です。これが孝太郎さんの目下の、そして最大の悩みです。総資産の約90％が不動産となっていて、金融資産は預貯金と生命保険を合わせても6000万円ですから、納税額には1億7702万円も不足しています。法人には1000万円程度の現預金がありますが、それでも納税資金の不足は確実でした。

現在は孝太郎さんに不動産収入が集中しているため、高額な所得税や固定資産税と諸経費を払い、借入金を返済しています。アパートの借入れの返済が進めば相続税も増えるため、必要以上に贅沢な暮らしはしていませんが、生活費を差し引くと相続税を貯めることが厳しいのは紛れもない現実となりました。納税プランや遺産分割方針を検討した上で、不動産の最有効使用や金融商品の運用などで収益力を高めていく必要があります。

この悩みに比べると、息子に家を継ぐ気があるのかはっきりしない、娘にはどの程度の資産を継がせるべきなのかなどの悩みは吹っ飛んでしまったほどです。

CHECK POINT

◎資産があっても納税資金が不足する場合は多い

◎意外な盲点になる非上場株（自社株）式の相続税評価

◎総資産だけでなく、換金性の高い資産と低い資産も把握する

◎相続税の試算（自社株式含む）は毎年行う

資産分析で見つかった青山家の8つの課題

すべての不動産を4つに分類する

個々の不動産の収入から支出を差し引いてどのくらいの資金が手元に残るのかを示すキャッシュフローの分析をしている間に、孝太郎さんに2つお願いをしました。

その1つは、保有する不動産の分類です。

「今のお気持ちでいいですから、『利用する不動産』『残す不動産』、納税や返済などのために『備える不動産』『処分・改善する不動産』に分けてみてください」

孝太郎さんはしばらく迷っていましたが、**図表3-4**のように分類しました。

一見何の問題もないようなこの結果も、「いくつか問題あり」です。

図表 3-4 青山孝太郎さんが作成した不動産の分類

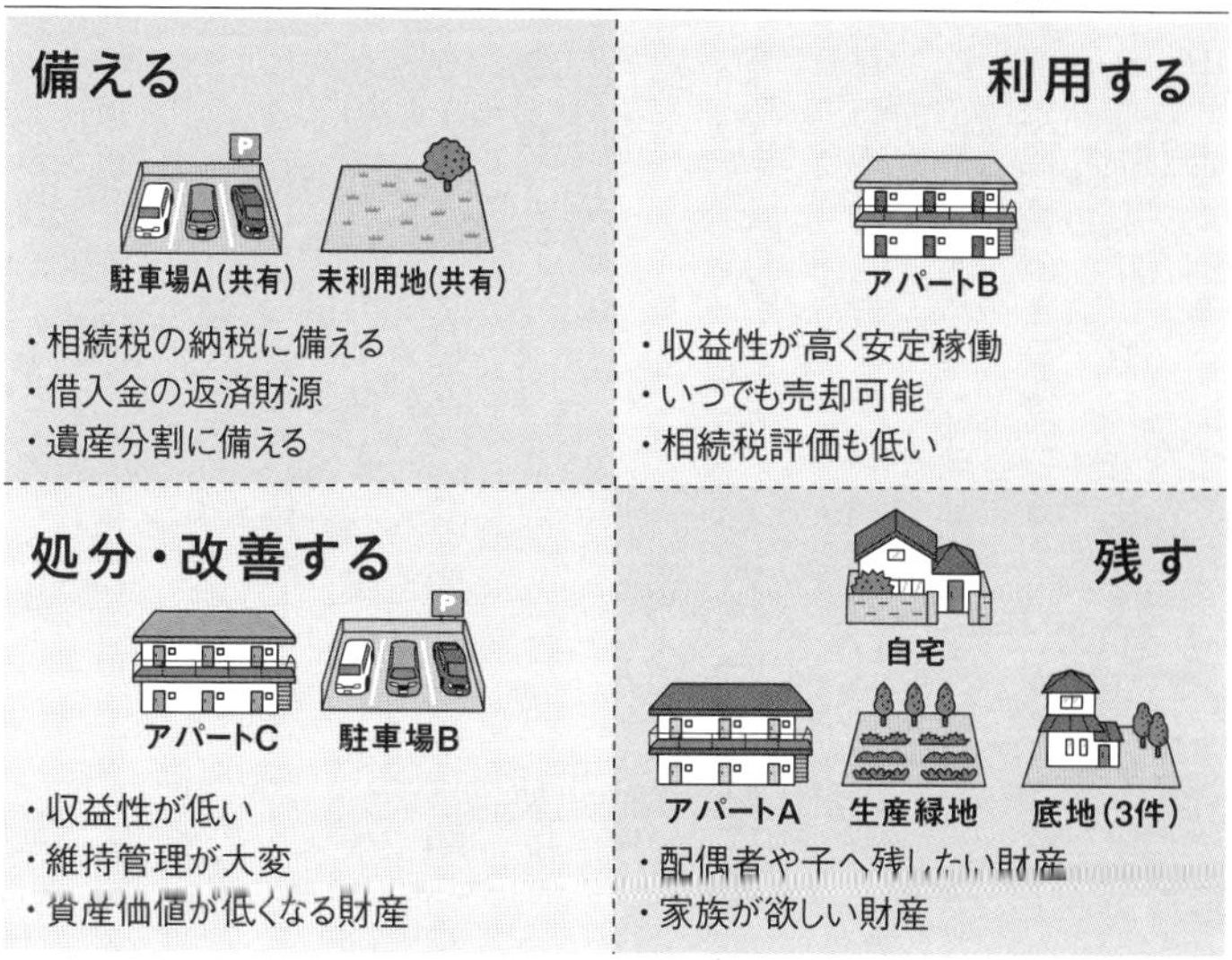

まず、「備える不動産」として孝太郎さんが分類した駐車場Ａと未利用地です。２カ所とも兄弟との共有になっているので、このままではいざというときに、意見がまとまらなければ孝太郎さんの持ち分のみを売却することしかできず、本来の価値が大きく毀損しています。

「残す不動産」に、底地と生産緑地を入れていますが、管理や手間を考えると残された家族が喜ぶ資産かどうかはかなり疑問です。ただし、この生産緑地に「相続税の納税猶予の特例」を受けると、相続税は５４７０万円下がり、１億８２３２万円になります。納税資金の不足額も１億２２３２万円に下がると試算されました。これはかなり大きな効果ですが、活用の余地も含めて慎重に検討していきます。

底地は収益性も低く、近年では借地人との人間関係も希薄になっているので、整理できるものはしたほうがよいでしょう。孝太郎さんは面倒なのでとりあえず「残す不動産」に分類したようですが、次の代に残してしまうと、さらに面倒な「負」動産になりかねません。私たちも相続対策の一環として底地の処分や整理を数多く経験しています。

もう1つは、「処分・改善する」に分類した駐車場BとアパートCです。どちらもアパートを建築したハウスメーカーから建て替えのプランや収支を提示されていたそうです。

私たちが提案した「不動産の4分類」

個々の不動産のキャッシュフローなどを分析した上で、孝太郎さんには図表3-5のような不動産の分類を提案しました。

まず「備える不動産」から共有物件を外し、検証の結果、有効活用が立地的にむずかしい単独所有の駐車場Bに変更しました。

「利用する不動産」は、アパートCとし、収益性の低いアパートBは「処分・改善する不動

図表3-5 当社が作成した不動産の分類

産」へ移動しています。

「残す不動産」は自宅とアパートAのみで、生産緑地は暫定としました。

最後に「処分・改善する不動産」は、共有の駐車場Aと未利用地。それにアパートBと底地3カ所を加えました。

この分類の根拠の1つとして、キャッシュフローの分析に基づいて、**図表3-6**のような青山家の不動産の4象限マトリクスを作成しました。縦軸が収支利回り(収支を相続税評価額で除したもの/以下同様)、横軸が相続税評価です。上にいくほど、収益性が高く、右にいくほど相続税評価が低くなります。

当然ながら、収支が高く、相続税評価

図表 3-6 **不動産構成図**

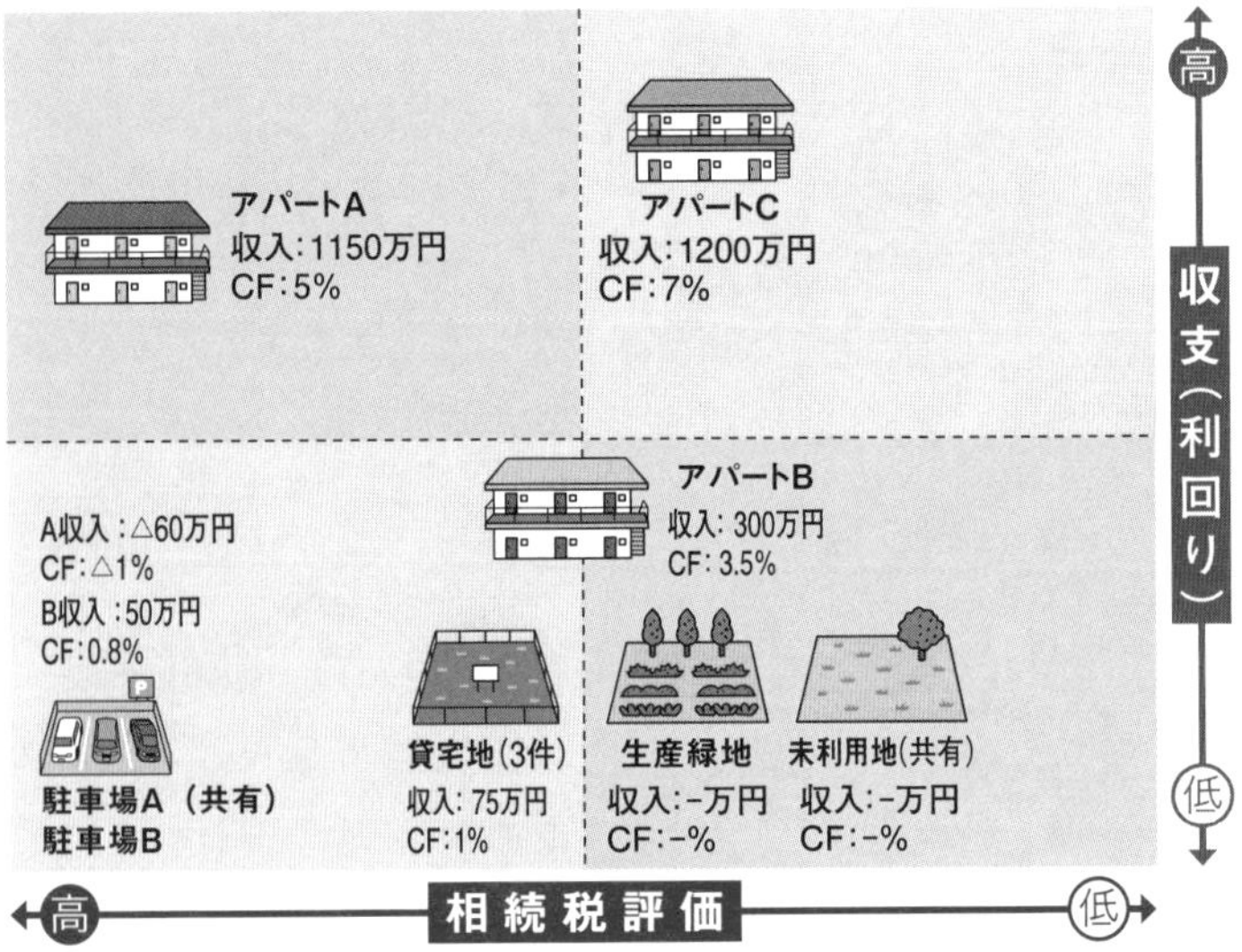

は低い右上の第1象限に入る不動産を多く保有するほうが有利です。青山家の資産では、年間の家賃収入から管理費や固定資産税など年間の諸経費を差し引いた実質利回り（ネット利回り）7％のアパートCがそれに該当します。

左下の第3象限は、収益性が低いのに相続評価が高い不動産です。実質利回りが1％程度の駐車場と底地3カ所です。いずれも処分や改善の対象になる不動産です。ただし、単独で所有している駐車場Bは納税資金用としました。自宅は経済合理性だけでは測れないものですので、処分や改善の対象から除外しました。

以上のような過程を経て、不動産の棚

卸しができました。

なお、4象限マトリクスに示した不動産の位置は、時間の経過や時代の変化とともに変わります。例えば、今は新築のアパートAも20年後は築20年です。収益性が低下して、立ち位置が変わる可能性もあるので、今後も定期的な現状分析が必要です。

「5つの視点」の設問の回答から、青山家の課題を抽出

次に孝太郎さんにお願いしたのは、第2章で取り上げた「5つの視点」の25項目の設問に答えてもらうことです。ここから青山家の課題を明らかにしていきます。

孝太郎さんの答えを見ていきましょう。

「円滑な財産承継」は、「△」が3つ、「×」が2つで課題山積です（図表3-7）。

最大の課題は後継者が決まっていないことです。長男の隆さん夫婦とは離れて暮らしていることもあり、相続について真剣に話し合ったことがありません。いっそのこと、長女の理恵さんに家を継いでもらおうかとも考えましたが、その話は理恵さんにはしていません。

図表 3-7 円滑な財産承継 **1.5点/5点**

分析項目	判定	問題点・課題
1 財産の承継方針（遺言の作成）が決まっているか	△	遺言書を作成していないため相続人間で遺産分割協議が必要となり、その分割方法について家族間でトラブルが生じる可能性があります。
2 相続人が争わないよう配慮されているか	△	遺産分割協議でトラブルが生じる可能性があるため、相続する財産のバランスに一定の配慮が必要です。遺留分への対応策も考える必要があります。
3 家族は承継方針を理解しているか	△	少なくとも配偶者や事業の後継者には承継方針を説明して、正しく理解してもらう必要があります。
4 承継方法や時期が決まっているか	×	承継方法や承継時期で相続税額が大きく変わる可能性があります。贈与や民事信託、後継者が株主である法人への不動産移転などの方法・時期を検討する必要があります。
5 不動産を共有状態にしていないか	×	複数の不動産が共有状態になっています。相続が発生する前に解消しておく必要があります。

（注）　　はお客様にとって優先度が高いと思われる問題点・課題を表しています

私たちが間に入ってそれぞれの本音を聞き、家族の意見調整を始めることになりました。

共有不動産2カ所については、共有者が高齢ですので早急に解消する方向で動きます。「円滑な経営承継」も後継者問題が課題です（図表3-8）。資産管理会社の株は孝太郎さんが保有しています。後継者が決定した段階で、計画的な贈与や遺言を作成して株の承継方針を決定する必要があります。

「納税資金の確保」にも大きな課題があります（図表3-9）。今回、試算した相続税額を見て、孝太郎さんは改めて事態の深刻さに気づきました。現在、一次、二次を合わせた相続税額に対して、納税資金の不足額は1億7702万円。単独所有の駐車場を売却しなくても済むように、収益力を高める対策や資産管理会社を有効に活用する方法を検討していきます。

「財産の運用と保全」では、やはり問2の不動産の4分類が課題です（図表3-10）。ほかの項目でも挙げましたが、共有を解消して売却し、収益性の高い不動産に組み替える方向で対策を進めます。

現状で、金融資産は円資産のみですが、隆さんは金融商品の分野に強いそうです。後を継ぐことが決まったら、「まさかへの備え」という意味でも、民事信託を活用して運用を一緒に検討してもらうことも1つの手です。いずれにせよ、後継者問題の解決が先決です。

図表 3-8 円滑な経営承継　2点/5点

	分析項目	判定	問題点・課題
1	後継者が決まっているか	△	事業の後継者候補がいても本人の了承は得られていないため、早期に後継者を決定する必要があります。
2	後継者の承継意思が明確であるか	△	後継者の承継意思が明確でないため、早期に本人の意思を確認しておく必要があります。
3	現時点で経営権が確保（自社株式の集約または不動産の持ち分）できているか	―	事業会社の議決権割合は、2/3以上を確保していることが望ましい状態です。
4	将来にわたり健全な事業収支が見込めているか	×	売上高成長率から見た場合、事業ステージは「成熟期」にあるため、成長戦略の策定が急務です。
5	借入れだけに頼らない経営ができているか	△	有利子負債キャッシュフロー倍率や自己資本比率など、財務状況を改善する必要があります。

図表 3-9 納税資金の確保 **1.5点/5点**

分析項目	判定	問題点・課題
1 現在、将来(10年後)に想定される相続税額を把握されているか	×	現在、将来(10年後)に想定される相続税額の算定ができていません。
2 納税資金が確保(目途が立っている)されているか	×	想定される相続税(一次、二次合計)に対して、納税資金となる換金性が高い資産が不足しているため、金融資産だけでは納税できない状態です。売却する資産の特定や資産の有効活用など、納税資金を確保するための検討が必要です。なお、対策次第では延納、物納を選択することも可能です。
3 同族法人を活用した納税プランができている	△	収益性の向上のため、法人への建物譲渡も検討が必要です。
4 親族間や同族法人への不必要な貸付金はないか	○	問題がある貸付金はありませんが、継続的に確認していく必要があります。
5 納税用の不動産を売却する際の障害がないか	×	確定測量、接道、賃貸借契約書の整備などが必要な不動産があります。

(注) ▒ はお客様にとって優先度が高いと思われる問題点・課題を表しています

図表3-10 財産の運用と保全　1点/5点

分析項目	判定	問題点・課題
1 家全体のキャッシュフローを把握しているか	△	借入れ条件や自己資金比率が改善されない場合、不動産の売却が必要になります。
2 不動産の4つの整理(利用する、残す、備える、処分・改善する)ができているか	×	残すべき資産を確実に残すために、現在所有している不動産を「利用する」「残す」「備える」「処分・改善」の４つに分類する必要があります。また、一部の不動産については、処分や共有の解消、収益性向上のための改善を行う必要があります。
3 以下の賃貸不動産が含まれていないか ①収益性が低い(空室が多い等) ②築年数が経って修繕費用が大幅にかかる見込み ③人口減少地域等にあり今後収益性が低くなる見込み ④借入れ過多でCFが赤字(バブル期の相続対策マンション等) ⑤旧耐震、違法建築(遵法性・無道路)	×	一部の不動産については、処分や共有の解消、収益性向上のための改善を行う必要があります。
4 同族法人の最適な活用ができているか	△	永続的な資産の承継だけでなく、一家の絆を築く器としても活用できます。
5 グローバルな金融資産運用はできているか (例) 種類　時間　地域　通貨	×	国内の現金・預貯金、生命保険金、自社株式のみで偏りがあるため、リスクの分散が必要です。

(注) ▒ はお客様にとって優先度が高いと思われる問題点・課題を表しています

「まさかへの備え」は、ほとんどが「×」。後継者が決まっておらず、遺言も作成していないので、当然といえば当然の結果です（図表3-11）。孝太郎さんはいたって健康ですが、「まさか」への備えとして遺言書の作成はもちろん、遺言書と任意後見制度、民事信託をセットにした認知症対策の有効性を説明して、理解を得ていく必要があります。

浮かび上がった青山家の課題

5つの視点の設問に対する孝太郎さんの回答を、「レーダーチャート（クモの巣グラフ）」に落とし込んだものが図表3-12です。それぞれの視点は5点満点とし、「○」は1点、「△」は0・5点、「×」は0点、該当しない場合は「－」とし、0・5点で計算しています。

これを見ると全体的に点数が低く、対策不足であることは一目瞭然です。特に「まさかへの備え」ができていません。しかし、これが多くの資産家の平均像でもあります。「全体最適」の相続対策は、このレーダーチャートをバランスの取れた大きな五角形にしていくことです。

図表 3-11 まさかへの備え **1点/5点**

	分析項目	判定	問題点・課題
1	急死や認知症への備えができているか	×	対策が十分ではありません。会社経営に著しい影響が出る可能性があるほか、大きく財産を毀損する可能性があります。相続人の間でトラブルが発生することも考えられます。
2	○○ショックなどの急な家賃下落や金利上昇への備えができているか	×	対策が十分ではありません。賃貸事業や会社経営に著しい影響が出る可能性があるほか、大きく財産を毀損する可能性も考えられます。
3	災害危険地域に不動産を所有していないか	○	現状では問題がある資産はありませんが、継続的に確認していく必要があります。
4	地域や種類を分散して不動産を所有しているか	×	不動産が同じエリアに集中しているほか、収益不動産がアパート・駐車場のみのため、リスクの分散が必要です。
5	円以外の金融資産への分散投資ができているか	×	国内の現金・預貯金、生命保険金のみで偏りがあるため、リスクの分散が必要です。

図表 3-12 青山家の「5つの視点」に基づく総合評価

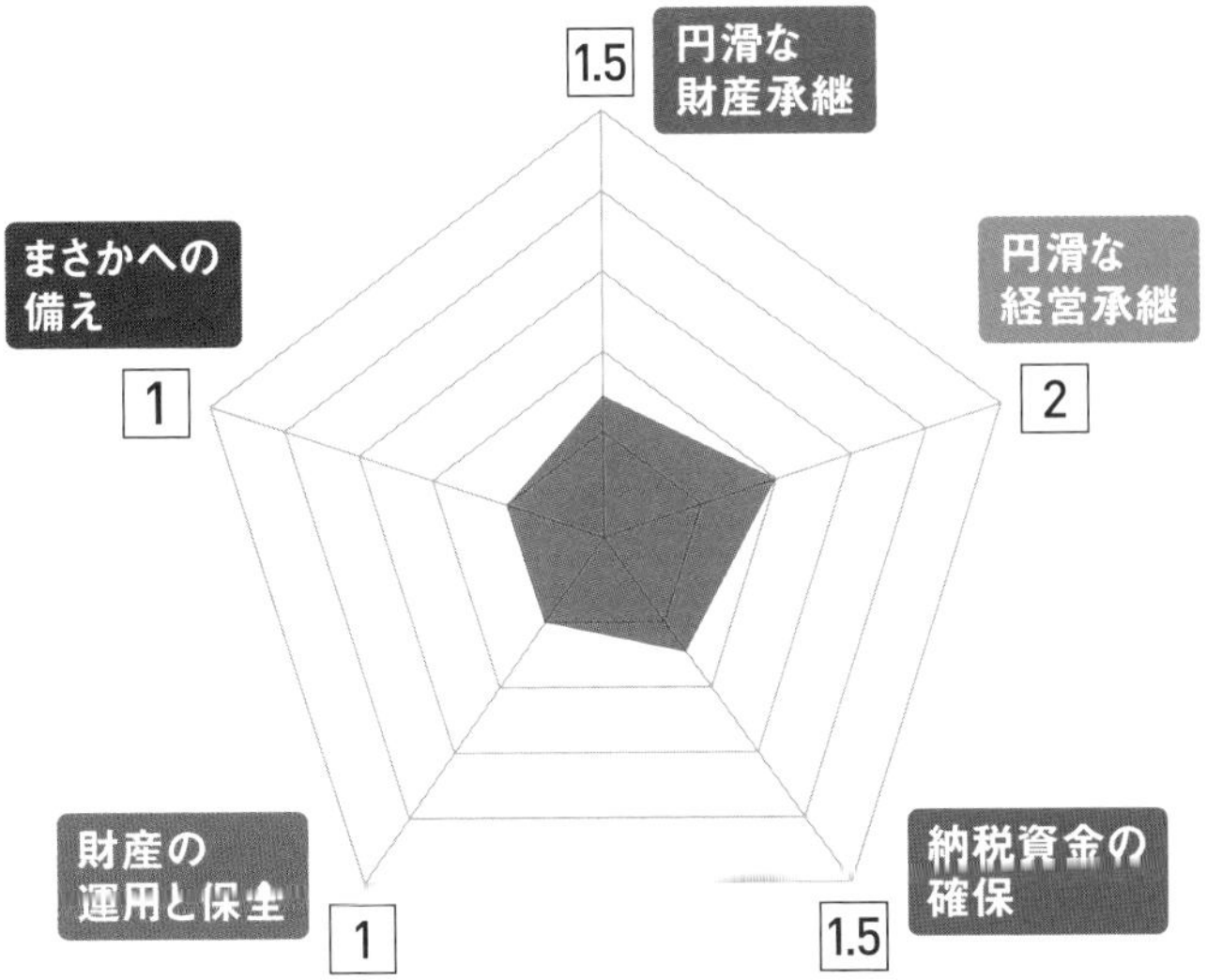

青山家の場合は、次の8つの課題が浮かび上がりました。

青山家が抱える8つの課題

① 後継者が決まっていない
② 財産の分割方針が決まっていない
③ 納税資金が不足している
④ 資産の収益性が低い
⑤「負」動産予備軍である共有不動産と底地がある
⑥ 資産が分散されていない
⑦ 突然の相続、認知症への対策
⑧ 高い所得税と法人の活用不足

青山家では「心の問題」の解決からスタート

対策は大きく「家族（一族）」と「資産」の2つ

相続対策は、「家族（一族）の問題」と「資産の問題」に分かれます。前者は家族間の気持ちの調整であり、後者はどちらかといえば、テクニック的な対策です。結局のところ、家族間の調整、言い換えれば「心の問題」の解決こそが相続対策の根幹なのです。

まずは家族間の調整から

青山家の場合、家族間の調整をして後継者を決めることが最重要事項です。後継者が決まれば対策は一気に進みます。

孝太郎さんと妻の優子さんの本音は、長男の隆さんに後を継いでほしいとのこと。「土地を守るのではなく、財産と家族の絆を守る対策を考えましょう」という提案に、優子さんがまず賛成し、孝太郎さんを説得してくれました。

隆さんと理恵さんに会い、孝太郎さん、優子さんの気持ちや青山家の資産の実態、課題を伝えました。隆さんと理恵さんも、アパートの建築費用とした多額の借入れや2億円近い相続税の試算を見て、初めて実家の状況と相続問題を実感したようです。

何度かの面談を経て、隆さんが家を継ぐことが決まりました。資産管理会社の役員に隆さんと理恵さんの2人を加えて、役員報酬を支払うなどして、資産管理会社を活用した納税プランを作成。孝太郎さんは、優子さんの強い希望で遺言書を作成しました。民事信託も活用し、仮に認知症になっても隆さんが資産管理会社を運営できる体制を整えました。

こうした話し合いを経て、家族の結束が強まりました。理恵さんも相続税や資産の実態を知り、隆さんが後継者として家を守るために資産を多く相続することになることを理解したようです。これを機に今後も家族で定期的な話し合いの場を持つことになり、争いごとに発展する心配はだいぶ少なくなりました。

不動産の整理、活用、組み替えで収益力アップ

次に、駐車場と未利用地の共有を解消できれば、対策として打つ手が増えます。どちらも共有者は70代の兄弟ですので、元気なうちに現金化してすっきりするのがよいと考えました。駐車場の立地はロードサイド（幹線道路沿い）のため、運営事業者に声をかけてドラッグストアの出店申込書付きの収益物件とすることで、戸建業者に売却するよりも20％高値で現金化できました。新築アパートAの賃料下落や金利の上昇に備えて、一部繰り上げ返済に充当します。

築30年のアパートBは駅からは離れていますが、保育園が不足しているエリアなので、借家人を徐々に定期借家に切り替えて退去後に取り壊し、法人で建物を建築して認可保育園に貸すことになりました。アパートCは建物の簿価が下がり移転コストも抑えられるため、資産管理会社へ譲渡することにしました。青山家全体の収支もアップします。

また、3件の底地は借地人に買い取ってもらう方向で交渉を進めますが、難しい場合は地代を上げるか、定期借地契約への切り替えも選択肢として提示します。

生産緑地は特定生産緑地として当面は継続しますが、都市農地賃借法を利用して第三者へ

図表3-13「全体最適」後の「5つの視点」に基づく総合評価

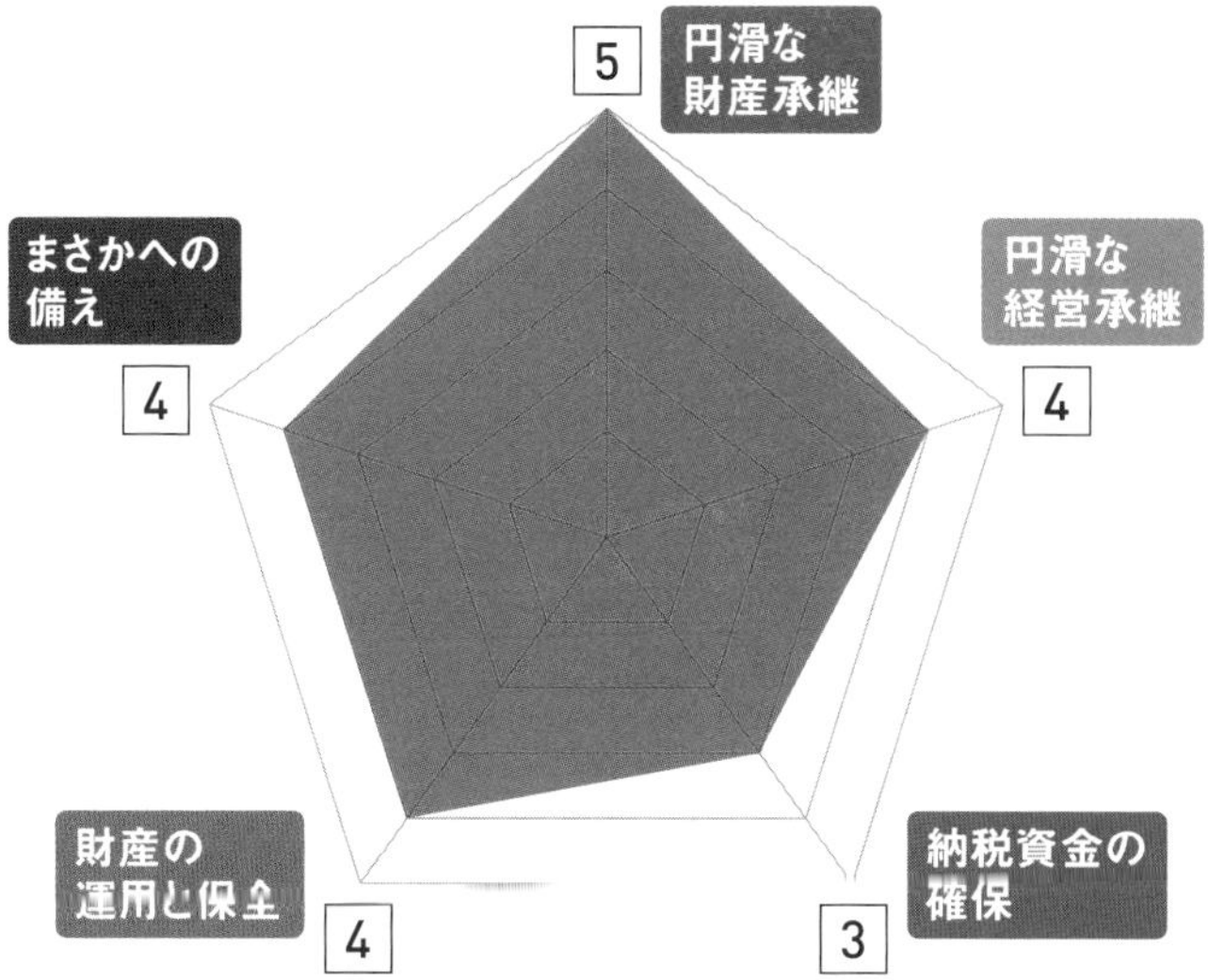

の貸付けも検討します。経済変動や金利上昇、円の下落などのリスクに備えるため、民事信託により長男の隆さんとも連携して徐々にグローバルな資産運用を始める方法を模索しています。

道半ばではありますが、ここまできてやっと青山家に笑顔が戻りました。

これらの対策が完了すると、先ほどのレーダーチャートは図表3-13のようになるはずです。そして、孝太郎さんと優子さんが長生きすればするほど、青山家には納税資金が貯まります。状況は改善傾向にありますが、今後も定期的に対策の進捗確認や、現状分析による課題の抽出を継続していきます。

では、次は皆さんの番です。

記入できるチェックシートとグラフを用意しました。できる範囲で結構ですので、第2章で確認した「5つの視点」と合わせて書き込んでみてください。それぞれの視点は5点満点とし、「○」は1点、「△」は0・5点、「×」は0点、該当しない場合の「－」は0・5点で計算してください。

CHECK POINT

- ◎**正確な現状分析がはじめの一歩**
- ◎**家族の「心の問題」を解決することこそ相続対策の根幹**
- ◎**対策は実行してからがスタート。定期的に現状を把握する**

我が家の資産リスト

資産/負債	
科　目	相続税評価額
現金・預貯金	万円
有価証券	万円
生命保険金	万円
死亡退職金	万円
その他	万円
①換金性の高い資産	万円
土地	万円
建物	万円
非上場株式等	万円
その他	万円
②換金性の低い資産	万円
③資産総額（①+②）	万円
④保険金等の非課税額	万円
⑤負債総額	万円
課税資産総額（③+④+⑤）※1	万円
相続税（試算額）	
⑥一次相続税 ※2	万円
⑦二次相続税 ※2	万円
⑧相続税（試算額）（⑥+⑦）※3	万円
①換金性の高い資産	万円
⑨納税資金過不足額	万円

※1 基礎控除を適用する前の額　※2 各種軽減を適用した後の額

※3 換金性の高い財産＝納税資金と仮定

相続税の速算表

相続税の速算表		
法定相続分に応ずる取得金額	税　率	控除額
1000万円以下	10%	—
3000万円以下	15%	50万円
5000万円以下	20%	200万円
1億円以下	30%	700万円
2億円以下	40%	1700万円
3億円以下	45%	2700万円
6億円以下	50%	4200万円
6億円超	55%	7200万円

出典：国税庁

我が家の不動産の分類

備える	利用する
処分・改善する	残す

我が家の「5つの視点」

視点	内容	
円滑な財産承継	①財産の承継方針が決まっている	点
	②相続人が争わないよう配慮がされている	点
	③家族が承継方針を理解している	点
	④承継方法や時期が決まっている	点
	⑤共有している不動産はない	点
円滑な経営承継	①後継者が決まっている	点
	②後継者の承継意思が明確である	点
	③後継者に経営権の集中ができている	点
	④将来にわたり健全な事業収支が見込める	点
	⑤借入れだけに頼らない経営ができている	点
納税資金の確保	①想定される相続税額を把握している	点
	②納税資金が確保できている	点
	③同族法人を活用した納税プランができている	点
	④親族間や同族法人への不必要な貸付金がない	点
	⑤納税用の不動産を売却する際の障害がない	点
財産の運用と保全	①家全体のキャッシュフローを把握している	点
	②不動産の４分類ができている	点
	③問題のある賃貸不動産を所有していない	点
	④同族法人の活用ができている	点
	⑤グローバルな金融資産運用ができている	点
まさかへの備え	①急死や認知症への備えができている	点
	②家賃下落や金利上昇への備えができている	点
	③災害危険地域に不動産を所有していない	点
	④地域や種類を分散して不動産を所有している	点
	⑤円以外の金融資産への分散投資ができている	点

我が家の「5つの視点」に基づく総合評価

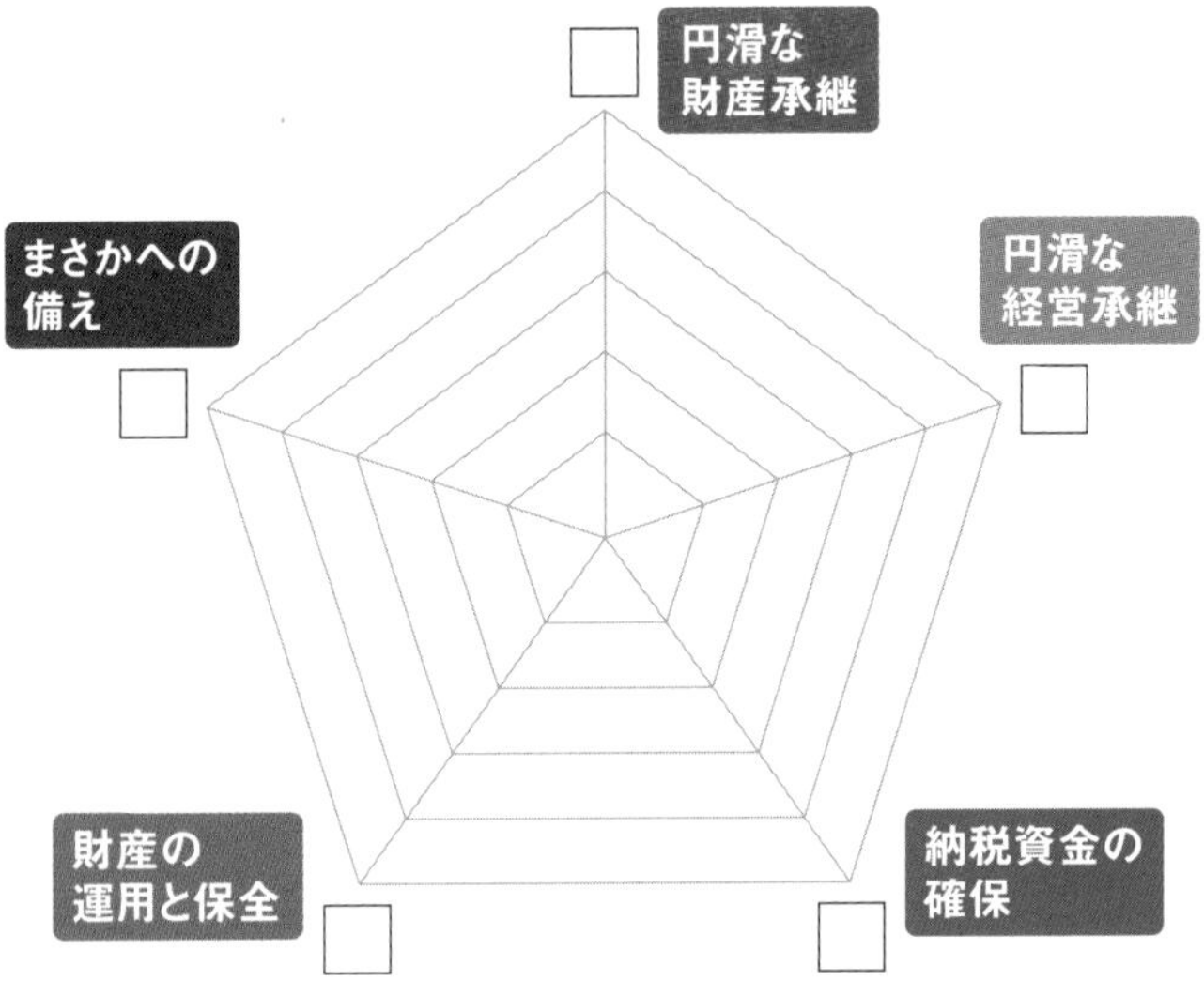

第 4 章

資産家の悩みを解決する5つの対策&商品

多くの資産家に共通する悩みを解決する処方箋を、本章では紹介します。
長寿化で関心が高まる「認知症対策」「共有状態の解消」、
ファミリー企業の「事業承継と財産分与」の方法、「金融資産のグローバルな運用」、
そして最後に「見えない財産」をどう次の世代に引き継がせるかという
「心の問題」を取り上げます。

誰もがなりうる「認知症」への相続における備え

相談件数は年々増加している

認知症に対する相談が年々増えています。家族からの相談が大半ですが、最近では身内や友人知人が認知症を発症したことをきっかけに、ご本人からの「相続対策とあわせて考えておきたい」という相談も増えています。

第1章で触れたように、厚生労働省は「2025年には、65歳以上の5人に1人が認知症になる」と推計しています。子どもが5人いる家族の場合、老老相続となったら子どものうちの1人が認知症でもおかしくないということになります。もはや人ごとではありません。

どんなに完璧な相続対策も、実行途中に病気で判断能力を失ってしまったら、一歩も前に進めなくなります。資産の売買や借入れを伴う建築や大規模修繕などはもちろんのこと、経営者であれば、契約行為や議決権の行使、自社株の贈与などもできなくなります。

それだけに「認知症対策は、心身ともに元気なうちに」が鉄則です。

「民事信託」「任意後見制度」「遺言書」をセットで

たとえ認知症を発症しても、元気なときの本人の意思や希望を尊重しながら、後継者や子どもたちが対策を続けていける方法があります。「民事信託」と「任意後見制度」「遺言書」を組み合わせて使う方法です。

民事信託とは、ひと言でいえば「信頼する人に財産の管理などを任せる」仕組みです。元気なうちに自分で財産管理の仕組みを自由につくることができます。

財産管理を任せる相手は後継者でもいいですし、子ども全員でも、子どもが設立する法人でもかまいません。任せる財産も自由に決められます。「すべて」でもいいし、「この駐車場」「このマンション」「この畑」などと具体的に指定することもできます。

信託を開始する条件を契約内容に盛り込むこともできます。例えば、「2年後」と期限を切ることもできますし、「認知症と診断されたとき」など本人の状態も条件にできます。また、病気以外の理由でも「本人が任せるという意思表示をしたとき」と指定することもできます。民事信託は非営利信託なので、基本的に報酬も発生しません。

民事信託は財産の管理や移転・処分を目的としたものですから、指定できないこともあります。例えば、介護サービスの手配や病院の手続き、入居施設の選定や契約などです。そうした取り決めに関しては、「任意後見制度」という仕組みを使います。

任意後見制度は、本人が十分な判断能力を有しているときに、あらかじめ「任意後見人」となる人や、任意後見人に委任する生活、療養、看護、財産管理などの事務内容を公正証書による契約で定めます。将来、本人の判断能力が不十分となった場合には、任意後見人がこれらを本人に代わって行います。

任意後見制度では、家庭裁判所が「任意後見監督人」を、弁護士や司法書士、社会福祉士などの第三者から選任します。任意後見監督人は任意後見が開始した後、任意後見人が適正に仕事を行っているかを監督し、本人と任意後見人の利益が相反する法律行為を行う場合には、任意後見監督人が本人を代理することになります。

民事信託と任意後見制度は相続が発生する前の備えですが、相続が発生した後の備えとして「遺言書」を作成しておくことで、本人の意思が実行されます。

この3つをセットで利用することで、元気なときから亡くなった後まで、自分の意思を次の世代につなぐことや、相続によるトラブルが発生する可能性を減らすことができます。

相続対策の途中で「父の様子がおかしい」

宮田さん（仮名、78歳）は、東京都と隣接するK市でゴルフ練習場を経営しています。しかし、ゴルフ人口の減少で徐々に事業収支は悪化しています。依頼を受けて、事業転換や資産の組み替え、土地の活用なども視野に入れた総合的な相続対策を検討していました。

その矢先、ゴルフ練習場を手伝っていた長女の恵美さん（仮名、49歳）から連絡がありました。

「最近、父の様子がおかしいのです。物忘れが多くなったり、会計を間違えたり……」

検査の結果、「軽度な認知症だが、意思能力は認められる」という診断でした。

子どもたちの法人に管理運営を任せることを提案

そこで急遽3人の子どもを社員とした一般社団法人を設立して、宮田さんの自社株や現金、不動産、有価証券の管理運用を任せる契約（民事信託）を結ぶことを提案しました（図表4-1）。

宮田さんは後継者を決めていなかったため、受託者を子どもたちの法人にしましたが、後継者が決まっている場合は、後継者を受託者にするのが一般的です。

当初、宮田さんは信託契約に難色を示していました。しかし、「信託財産として登記しても実質的な所有権は残り、収入も今まで通り宮田さんに入ります。実態は変わりません」と民事信託の仕組みとメリットを説明したことで、承諾が得られました。

信託契約とともに、長女を後見人として任意後見契約を結びました。これで宮田さんが日常の生活で手助けが必要になっても、長女が普段の預貯金の管理や病院などの手続きを行うことができ、子どもたちに金銭的な負担をかける心配は減りました。亡くなった後も宮田さんの意思が尊重されるように、同じタイミングで公正証書遺言も作成しました。

なお、子どもたちの間で信託内容についての合意が難しい場合には、受託者を個人ではなく一般社団法人にして、意見を調整したり助言したりできる人を監査役として入れるという

図表 4-1　民事信託の構成者関係図

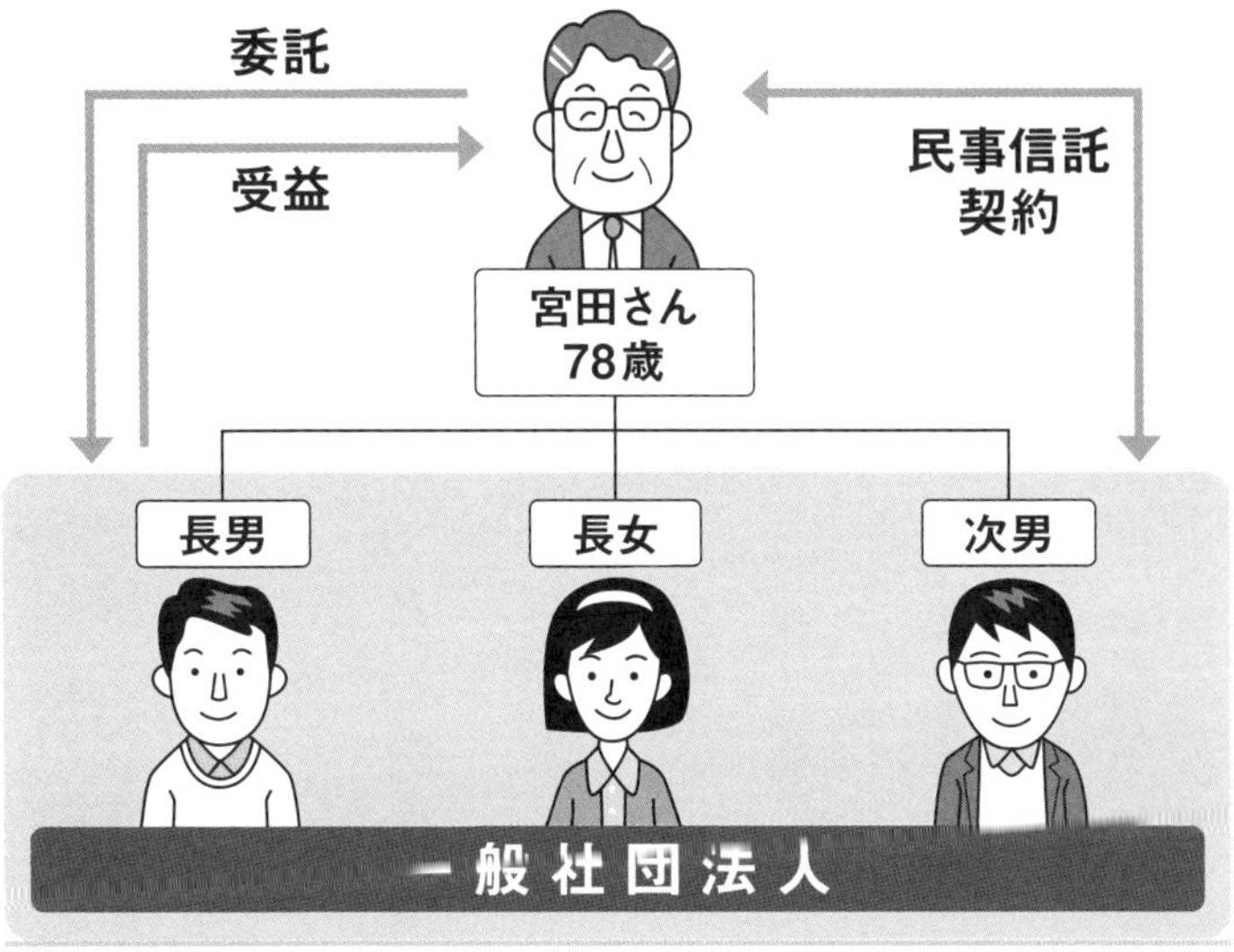

方法も、民事信託では選択できます。

そのほかにも民事信託の活用方法はあります。例えば、民事信託によって共有不動産の問題を解消できます。資産の大部分が家族全員の共有となっている場合、高齢の両親のどちらかが認知症になったら、共有の解消も土地の売却もできなくなります。

そこで親世代を委託者、長男を受託者とした信託契約を締結するのです。これで両親に万が一のことがあっても、受託者の長男が必要に応じて一部を売却でき、治療や介護の資金や相続税の納税資金を捻出できるようになります。

また、大規模な建て替え事業を完遂す

るために民事信託を活用する方もいます。「認知症と診断されたとき」という条件を付けて任せる土地も限定した上で後継者を受託者とした信託契約を結べば、もし事業が完了する前に認知症を発症しても、後継者が自分の意思を継いで事業を遂行できるようになります。

「成年後見制度」と「民事信託」の違い

認知症対策と聞いて、皆さんが最初に思い浮かべるのが「成年後見制度」ではないでしょうか。「成年後見制度（法定後見）」と「民事信託」の違いを図表4-2にまとめました。

成年後見制度は「身上監護」と「財産の保護」が目的です。身上監護とは聞きなれない用語ですが、被後見人の生活や健康、療養等に関する法律行為のことです。財産は家庭裁判所の監督下に置かれ、運用や処分は事実上できません。株式の売却や賃貸物件の建て替え、不動産の売買、土地の活用など、資産価値を高めるための行為はほぼできなくなります。

しかし、民事信託であれば、資産価値を高める対策がとれます。

元気なうちに、親（委託者）の意思で任せる人（受託者）を決めれば、受託者が資産の管理だけでなく、積極的な運用もすることができます。受託者は不動産の売買や管理運営、土

図表 4-2 各対策の比較

			法定後見	任意後見	民事信託
託す人の指名			× （後見人）	○ （後見人） ※ただし、監督人がつく	○ （受託者）
身上監護	介護施設の契約 介護サービスの手配 病院の手続き		△	○	×
財産管理	現状維持のための管理		○	○	○
	修繕		△	△	○
	運用	購入	×	×	○
		借入れ	×	×	○
	処分	売却	△	△	○
		贈与	×	×	○

地の活用、投資、贈与ができ、その利益は委託者である親に入ります。

ここが成年後見制度と民事信託の大きな違いです。

会社の経営が滞ることも防げます。民事信託を使って自社株を受託者である後継者に委ねれば、後継者が経営に参加したり、株主として議決権を行使したりできます。

図表 4-3　各制度の作成件数の比較

	2018年	2020年
公正証書民事信託	2223件 （その後の件数発表なし）	—
公正証書遺言	11万471件	9万7700件
任意後見制度	1万2484件	1万1269件

比較的新しくまだ利用件数が少ない民事信託

民事信託は比較的新しい制度です。

２００７年９月に改正信託法が施行され、営利を目的としない民事信託の仕組みができました。公正証書による民事信託の作成件数は２０１８年で２２２３件。私文書で作成されたものも含めれば数は増えるはずですが、同年の公正証書遺言の約11万件、任意後見制度の約１万２５００件に比べると圧倒的に少ないことがわかります（**図表4-3**）。

歴史が浅く実績が少ないだけでなく、信託法と相続税法という２つの法律が関係しているため、専門家の間でも法律的な解釈が相違しています。

相続のことを考えたとき、メリットの多い手法のため、今後は利用が急増することが予想されます。しかし、民事信託の知識や経験が少ない専門家に任せると、運用中や運用後のトラブルにつながる可能性もあります。

では、民事信託を活用する際の注意点を見ていきましょう。

注意点1 民事信託は家族合意のもとで進める

例えば、民事信託契約後に委託者である親が亡くなったとき、信託財産を渡す人（帰属権利者）を決めるかどうかで次の展開が変わります。

帰属権利者を決めていない場合は、相続が発生すると信託登記は解除され、所有権は親（被相続人）に戻ります。その後は通常と同様、遺言書か遺産分割手続きになります。

一方、民事信託契約で帰属権利者を決めておけば、遺言書と同様の効果を持たせることができます（遺言代用機能）。多くの場合、受託者（後継者）が帰属権利者になります。

一見便利で有効なように感じられると思いますが、問題もあります。ほかの相続人に黙って親と後継者だけでそこまで決めてしまうと、相続が発生した際に「そんな話は聞いていなかった」と、ほかの相続人とさまざまな条件に関する合意が難しくなり、わだかまりを残します。

民事信託を行う際には、家族で現状の課題を共有した上で、民事信託を使う理由とその内容をそれぞれが理解し、合意してもらってから契約することがトラブルを防ぐ最善の策です。

また、家族が合意していても、民事信託の契約内容に不備があれば円滑に進めることができなくなります。必ず民事信託に精通した専門家に依頼してください。

注意点2 活用や投資のために受託者がした借入れの扱い

民事信託には、まだ法律的に明確な結論が出ていない重要な問題があります。

受託者（例えば後継者）が投資物件を購入したり、土地活用で建物を建設したりするために借入れをした場合、「法律上、その借入れを委託者（親）の債務控除にできるかどうか」という問題です。

「債務控除ができる」と判断している司法書士や弁護士もいますが、プロの間でも見解が分かれています。相続税法と信託法の2つの法律が関係しているため判断が非常に難しく、「相続が発生して申告したとき、初めて答えが出る」というのが現状です。「相続対策はできたけれど、債務控除は認められなかった」ということも考えられます。おそらく金額や状況によって判断が分かれ、今後、調停や裁判になるケースも出てくるでしょう。

一番安全な方法は、親が元気なうちに対策を進め、親が借入れをすることです。実務面でも、人脈も信用もある親が借入れをしたほうがスムーズです。相続が起きてから、税務署に「この債務控除は認めません」と拒否される事態になることは避けるようにするべきでしょう。

注意点3　受託者（子）が親よりも先に亡くなった場合

受託者であり、信託終了時の帰属権利者である子が、委託した親より先に認知症になったり、亡くなったりしたらどうなるのでしょうか。親も子も高齢者という老老相続では起こりうる事態です。

こうした場合、1年以内に次の受託者を定めないと信託は終了してしまいます。その時点で親に認知症や健康上の問題が発生していれば、対策は凍結せざるを得ません。民事信託を利用する場合には、そうした事態が発生することも想定しておく必要があるでしょう。

経験豊富な専門家に依頼する

以上のように、民事信託は、高齢化社会や認知症への備えとして、生命保険や火災保険のように一般的な対策になってくると思います。新型コロナウイルスの感染拡大が収束したとしても、新たなウイルスによる感染症の蔓延や自然災害の増加など、「まさか」が起こり得ます。そうした際にも、信託を受託した方とともに対策を進められる手段として重要性が増すでしょう。しかしながら、比較的新しい仕組みですので、法的な解釈が定まっていない部分があるのは前述の通りです。契約内容を自由に設計できますが、今後、起こりうるさまざまな事態を想定して細かく規定しておかなければなりません。実務上も同様です。

メリットの多い民事信託ですが、決して「万能」な対策というわけではありません。民事信託だけで対策を行おうとしないことも重要です。対策の目的やそれぞれの家庭の事情に合わせ、遺言書や任意後見制度などとのベストな組み合わせを考えることが重要です。

民事信託を利用する場合は「対策が実行できて終わり」ではなく、ここが始まりになります。定期的な確認も必要になりますので、経験豊富なコンサルティング会社、民事信託に精通している司法書士や弁護士といった専門家に依頼することをお勧めします。

CHECK POINT

◎「認知症」は誰もがなりうる病気

◎認知症を発症すると相続対策は前に進まなくなる

◎認知症対策は「民事信託」「任意後見制度」「遺言書」をセットで行う

◎歴史は短いがメリットが多い「民事信託」

◎「Afterコロナ時代」は民事信託の活用法が鍵を握る

「共有物分割」や「等価交換」で不動産の共有を解消する

共有不動産のデメリット

本書では一貫して「不動産を共有してはいけない」とお伝えしてきましたが、改めてそのデメリットを挙げてみます。

- ●維持管理がしにくい
- ●資産として活用しにくい
- ●売却しにくい
- ●時間とともに共有者や問題が増える（認知症、行方不明者など）

これだけのデメリットがある一方、メリットはほとんどありません。相続に関する協議の際に、「とりあえず相続人同士のいさかいを避けることができる」くらいでしょうか。このメリットもあくまで「とりあえず」問題を先送りにできるだけであって、決して「全体最適」には近づきません。いつか必ず解決しなければならないときがきます。

一見すると相続した財産を全員で共有するわけですから公平に思えますが、中身はトラブルの塊です。しかし、現実には相続の際、兄弟姉妹の共有にしてしまうケースが後を絶ちません。資産家であれば、かなりの確率で共有不動産を保有しているのではないかと思います。

では、すでに共有になっている場合、どうやって解消すればいいのでしょうか。

共有状態を解消するには

不動産の共有を解消する方法はいくつかあります。主なものは次の通りです。

①　全員で売却して現金で分ける

②　持ち分をほかの共有者へ贈与・譲渡する

③ 土地を分割する（共有物分割）
④ 等価交換方式を利用する
⑤ 持ち分を第三者に売却する

次からそれぞれの解消方法について見ていきますが、5つ目の「持ち分を第三者に売却する」は、共有者間にわだかまりを残す可能性が非常に高い方法です。本来の資産価値も毀損する解消方法となり、よい選択肢とはいえないので、ここではあえて紹介しません。

周辺の土地とまとめて価値を高めて高額で売却

1つ目の「売却して現金で分ける」は単純な方法ですが、共有者全員の合意が前提という点が実現の難しさです。共有者間で合意が得られていない不動産は買い手も少なく、共有持ち分のみの売却額は必然的に低くなります。

一方で、一族の所有する土地や共有不動産をまとめることで、高額での売却に成功した例もあります。

片桐さん（仮名、68歳）は都内に何カ所か土地を持っています。いずれも親から相続したもので、そのうちの3カ所が妹との共有です。山手線の駅から徒歩8分の好立地だったので、「共有関係を解消しつつ、活用できないだろうか」と相談がありました。

現状を分析したところ、片桐さん一族が何らかの形で周りの土地の権利を持っていることがわかりました。土地持ち資産家の場合、こうしたことはめずらしくありません。

基本プランをつくり、10人以上の権利関係者を訪問して「複雑な不動産の権利をまとめれば、マンション用地として高く売却できます」と説明しました。訪問してみると片桐さん以外にも共有不動産や底地の問題を抱えている人がいて、「課題を解決できて高く売却できるなら」と徐々に賛同する人が増えていきました。

紆余曲折はありましたが、1年かけて契約条件を整備して、マンション事業者に売却。片桐さんをはじめ権利関係者は、単独売却と比べて3倍以上の売却代金を手にしました。

周辺を含めて現状を分析したことで、不動産価値の最大化という対策が打てたことが成功のポイントです。どんな場合も、全体を俯瞰して考えてみることは重要なのです。

「こんな不安を抱えるのは自分の代で終わらせたい」

2つ目は「持ち分をほかの共有者へ贈与する」方法です。

例えば、相続が発生した際に、兄弟姉妹で土地を共有してしまうことはよくありますが、兄弟姉妹であっても性格や価値観、資産に関する考え方が大きく異なります。そうなると全員が合意して共有地を売却したり、活用したりすることが難しく、何の利益も生まないのに固定資産税がかかり続けることになります。さらに、いつかはその利益を生まない共有地のために、家族が相続税を納めなければなりません。

そこで「持ち分は兄弟姉妹に贈与して共有関係を解消する」という選択をする方もいます。自分の持ち分を手放すわけですから、大胆な決断と思われるかもしれませんが、土地の持ち分を贈与することで固定資産税や相続税の悩みや不安から解消されます。「損して得とれ」という言葉がありますが、利益を生まない「負」動産に固執するよりも「この先どんな人生を送りたいか」を優先することで、すっきりとした人生を送ることができるわけです。

子世代からの強い要望で「共有物分割」

3つ目は「土地を分割する」方法で共有を解消した例です。

安藤さん（仮名、84歳）は、兄弟3人で広い駐車場を共有しています。収益性は低く、固定資産税を払った後の手取りはわずかです。意見をまとめて土地活用をリードする人もいないまま約30年の歳月が流れ、もはや誰も積極的にこの問題の解決に向けて動く意欲はありません。

しかし、子世代から「今のうちに共有を解消してほしい」という声が上がりました。安藤さんの子どもや甥、姪は協力して、親の世代で共有関係を解消する手立てを探りました。それが、共有している土地を分割する「共有物分割」です（図表4-4）。簡単にいえば、「3人で同じ価値になるように土地を分ける」ということです。

土地の評価は広さ、接道、間口などによって変わりますから、単純に三等分すれば済むというわけではありません。同じ価値に分割するにはそれなりの費用がかかります。土地家屋調査士や税理士のほか、全体を調整してまとめていくコンサルタントも不可欠です。登記費用もかかります。登録免許税は、相続では0・4％ですが、贈与では約2％、売買は1・5％

図表 4-4　共有物分割で共有を解消

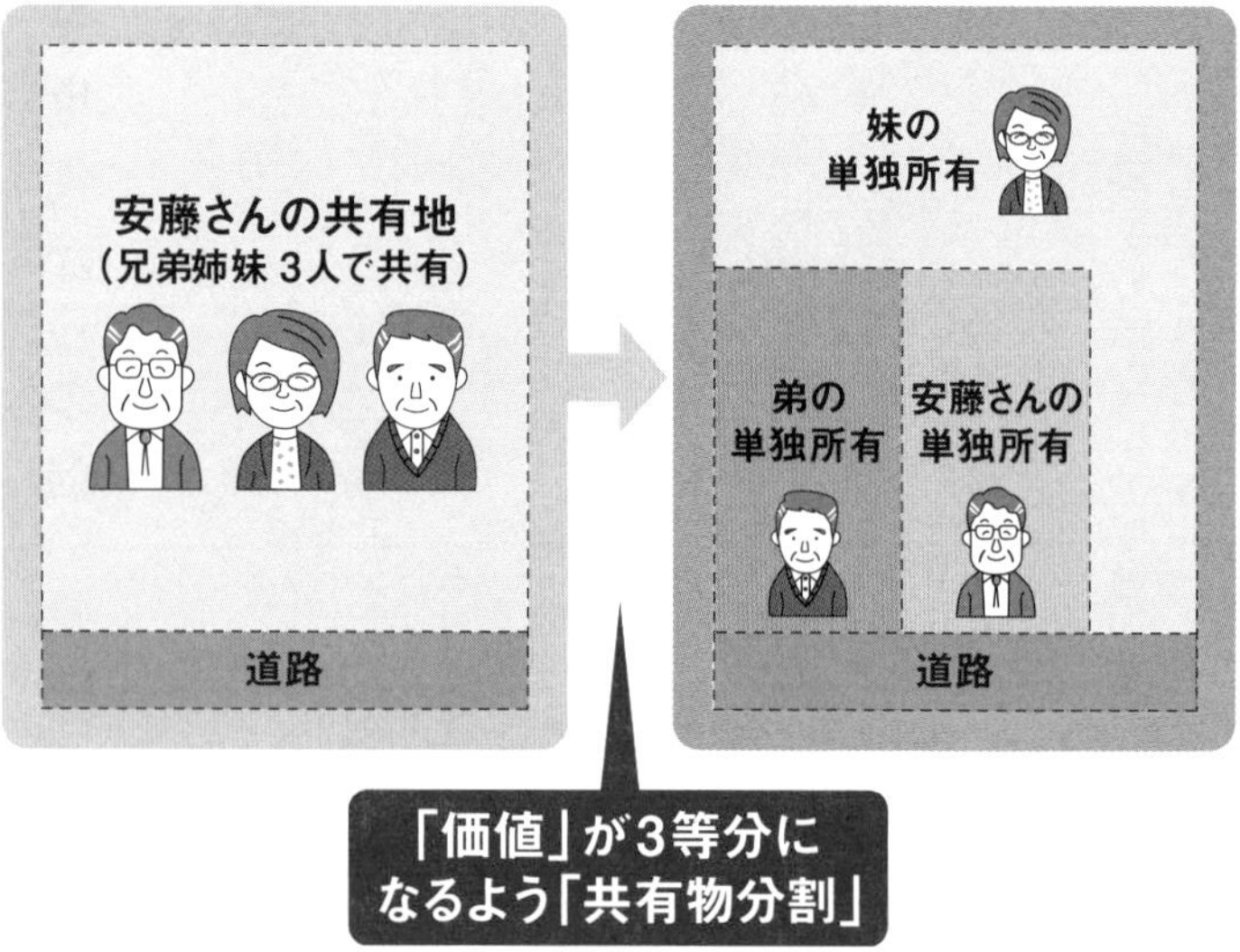

と大幅に違います。安易に共有にしてしまったものを解消する費用は決して少ないものではありません。しかし、将来も続く共有不動産のデメリットを断ち切るためにも、共有関係を解消してすっきりしたい気持ちが勝りました。

「等価交換方式」で土地の持ち分を住戸に交換

4つ目は「等価交換方式」を利用する解決策です。

等価交換とは、所有者の土地に、マンション事業者などが建築費を出して建物（分譲マンションなど）を建設し、完成

図表 4-5 **等価交換方式**

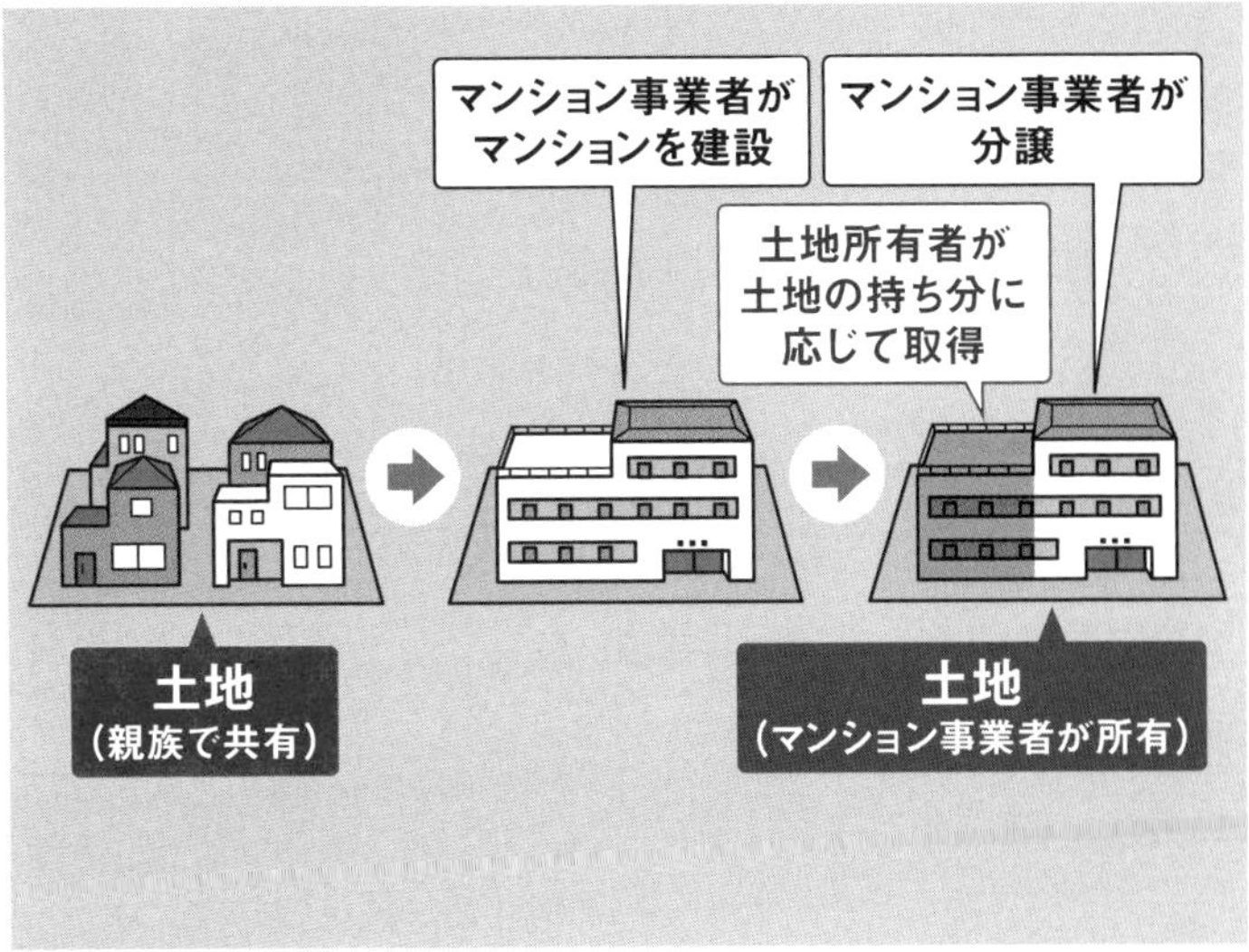

した建物と敷地をそれぞれの出資比率で所有する仕組みです。事業者は取得した床（住戸）を販売して事業費を回収します（**図表4-5**）。

需要が見込める立地であれば、共有地も対象になります。共有関係を解消しつつ、借入れをせずに土地の有効活用が図れるわけです。それぞれの土地の持ち分に応じて取得した住宅に住むこともできますし、賃貸住宅として活用することもできます。「土地」と「建物の床」の交換は、原則譲渡税が発生しますが、一定の要件を満たせば特例が適用されて譲渡税がかかりません。

等価交換には、もう1つメリットがあ

ります。一般の購入者と違い、土地の所有者は事業者の利益や広告費などを含まない、純粋な建築費と土地の持ち分を交換できることです。

今はタイミングとしても有利に等価交換を進めやすい状況です。マンション事業者は土地の仕入れが困難になっているため、等価交換にも積極的です。「原価を割ってもいい」という事業者すらいます。事業者からすれば、土地との交換でマイナスが出たとしても、全体として売り上げが上がり、利益も得られることを優先しているようです。

ただし、建物の資産価値は計画や管理体制に左右されます。経験と実績がある事業者を選ぶことが重要なポイントになります。

CHECK POINT

◎デメリットだらけの共有不動産

◎兄弟姉妹での不動産の共有は絶対に避ける

◎隣接する不動産の権利関係をまとめて価値を高める「売却」

◎資産よりも想いを生かす持ち分の「贈与」

◎費用はかかるがすっきりできる「共有物分割」

◎持ち分に応じた住戸が取得でき税制上も有利な「等価交換」

「不動産小口化商品」で資産の分割・分散を図る

最初から共有にしないために

共有状態を解消する方法を紹介しましたが、そもそも「共有にしない」ことが最善の策です。「相続が発生したら、不動産を売って現金で分ければいい」と考える方もいるかもしれませんが、相続が発生したタイミングですぐ売れるのか、想定した金額で売れるのかは全くの未知数です。相続税評価が低いという不動産のメリットを生かしつつ、分割できる形にしておくことが必要です。

例えば、「土地を分筆し、子どもたちが単独所有できるようにしておく」「収益性の低い不動産を処分し、相続人の数に応じて区分マンションや収益不動産などに組み替えておく」な

図表 4-6 不動産小口化商品の仕組み

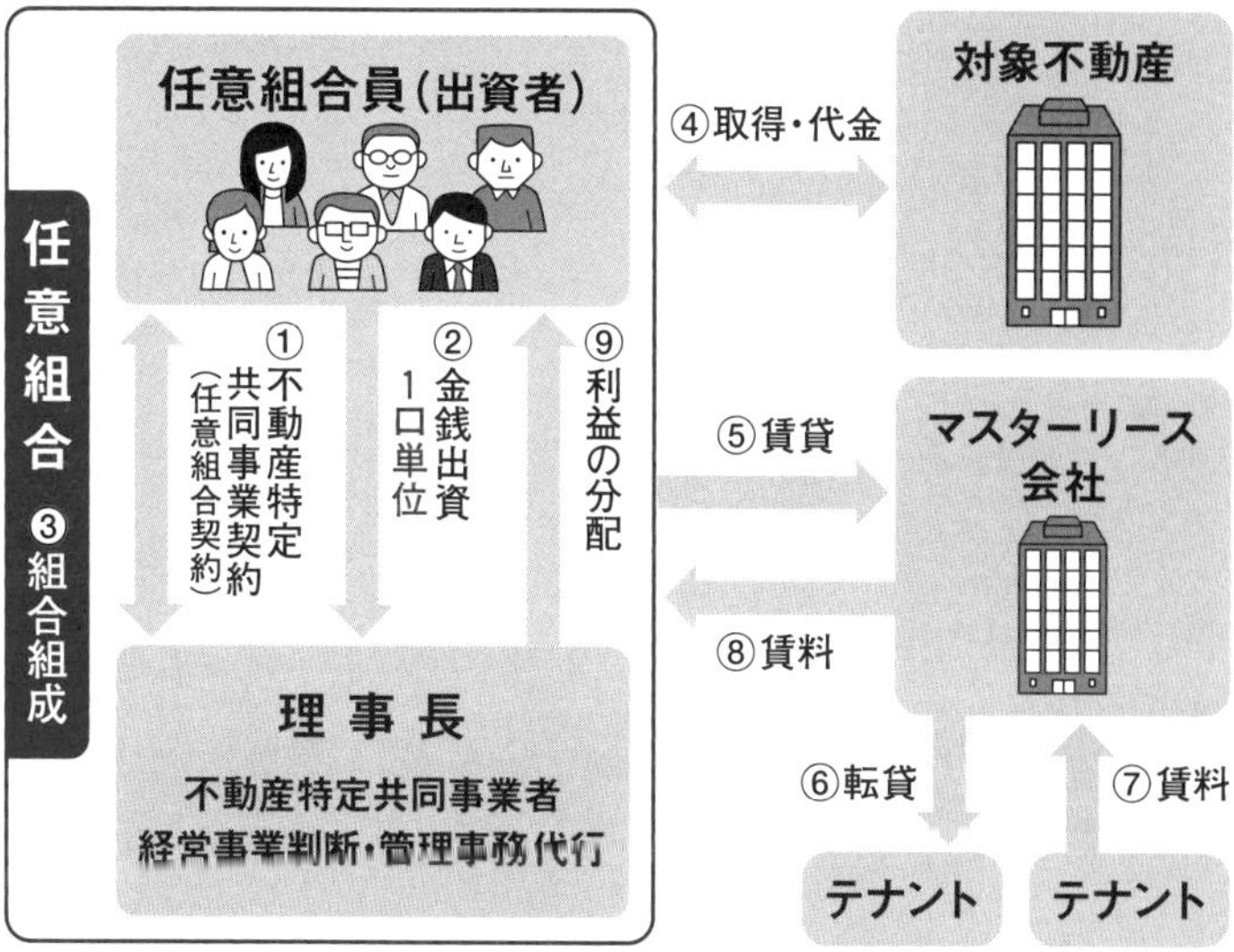

どが比較的利用される方法です。

もう1つの選択肢として、分割はもとより、収益性、安定性、リスク分散に有効で、管理運用の手間もかからない不動産投資商品があります。それが「不動産小口化商品」です。

「不動産小口化商品」という選択肢

不動産小口化商品には任意組合型、匿名組合型、賃貸型がありますが、ここでは相続対策としてメリットが多い「任意組合型」で説明します（図表4-6）。

「不動産小口化商品（任意組合型）」は、

図表 4-7 不動産小口化商品とほかの不動産・金融商品の比較

	不動産小口化商品	J-REIT（不動産投資信託）	マンション投資	個人向け国債	株式投資	預貯金
利回り	物件により ネット 3～4%	予想分配金利回り 平均3.5%	物件により ネット 3～7%	3・5年固定 10年変動 税引前 0.05%	東証一部 配当利回り 平均 1.7～1.8%	大口定期 0.01%
運用期間	15年（目安）	―	―	3・5・10年	―	1カ月～10年
LTV（借入比率）	0%（借入れなし）	平均 44.1%	取引による異なる	―	―	―
流動性（中途換金性）	・やや劣る（第三者への譲渡）	・流動性高い（市場売却）	・売却（市場売却）	・中途換金可	・流動性高い（市場売却）	・解約 ・期限前解約手数料あり
特徴	・不動産所得 ・相続対策に有効 ・管理に手間がかからない ・金融市場の動向に左右されにくい	・配当所得 ・常に価格変動 ・不動産市場より金融市場の影響を受けやすい	・不動産所得 ・インフレに強い ・比較的高額 ・手続きが煩雑 ・空室・賃料下落リスクを1人で負う	・1万円から可能 ・10年変動は変動金利のためインフレリスクに対応	・配当所得 ・常に価格変動	・利子所得 ・元本保証（1000万円まで）
	・安定度、収益性とも中位	・収益性は中位	・安定度、収益性とも振れ幅が大きい	・安定度大きい ・収益性小さい	・安定度、収益性とも振れ幅が大きい	・安定度大きい ・収益性小さい

複数の投資家が出資して任意組合をつくり、1つの収益不動産を共同所有する形の不動産投資商品です。投資家は、その不動産の収益や売却益を出資比率によって受け取ります。ポイントは、「実物不動産を出資持ち分に応じて所有している（所有権、持ち分権）」ことです。

図表4-7は、「不動産小口化商品（任意組合型）」と「J-REIT（不動産投資信託：ジェイ・リート）」「マンション投資」「個人向け国債」「株式投資」「預貯金」を比較したものです。

不動産小口化商品については、20年間以上の実績が把握できる当社の任意組合型の商品（アドバンテージクラブ）の内容を記載しました。

不動産投資信託との違い

不動産に特化した投資商品としては不動産投資信託がありますが、不動産投資信託は不動産投資事業を行う法人の証券であり、不動産投資というより株式投資に近い形です。したがって税制上の取り扱いも異なります。

図表4-8は、不動産小口化商品とそのほかの商品の税制上の取り扱いを比較したものです。

不動産小口化商品（任意組合型）では、投資家（出資者）が受け取る収益（配当）は不動

図表 4-8 不動産小口化商品とその他商品との税務上の取り扱い比較

	不動産小口化商品（不動産特定共同事業）任意組合型	匿名組合型	賃貸型	J-REIT（不動産投資信託）	実物不動産
法的性格	組合出資持ち分	組合出資持ち分	共有持ち分	有価証券	不動産
不動産の名義	理事長	営業者	出資者	投資法人	投資家
収入	不動産所得	雑所得	不動産所得	配当所得	不動産所得
相続・贈与時の評価	相続税評価額	時価	相続税評価額	時価	相続税評価額

産所得になり、相続時は不動産としての評価になります。原則土地は路線価、建物は固定資産税評価額をもとに計算するため、一般的に時価よりも低額になることが多いという特徴があります。

一方、J-REITの配当は分離課税となり、相続税評価は上場株式や現金と同様、100％時価で評価されます。これが不動産小口化商品とJ-REITの大きな違いであり、資産家の相続対策として任意組合型の不動産小口化商品が有効な選択肢の1つとなる理由です。

不動産小口化商品の「メリット」

不動産小口化商品は、相続対策としては「分割できること」も大きな利点です。現物不動産は分割しにくいですが、不動産小口化商品ならば必要な口数を購入（出資）できますから、1口単位で資産を容易に分割できます。相続人の数だけ購入して運用している方もいます。

また、売却（任意組合からの中途脱退）も可能です。市場で自由に売買できる不動産投資信託に比べると流動性は劣りますが、任意組合を組成した事業者が次の購入希望者を募集します。信頼できる事業者の商品ならば購入希望者は多いため、相続税の納税資金にも充てられます。

相続対策とともに、都心の優良物件を所有できる資産価値もメリットです。数億円から数十億円するような都心の収益物件を個人で購入することは、資産家といえどもハードルが高いものです。例えば、当社の商品の場合は1口1000万円ですが、不動産小口化商品はこうした比較的少ない資金で、収益力の高い優良不動産を共同所有できます。

対象が不動産ですから、株式と比較してボラティリティ（価格変動）がゆるやかなことも特徴です。保有していた有価証券の一部を処分して購入した方は、「今まで毎日値動きをチェックしてハラハラする不安から解放された」「子どもへの資産として価値が安定しているので安心できる」と話しています。

こうした長期にわたって価値が落ちにくく、安定した収益が見込めるような収益不動産は稀少です。大概の場合、一般の市場に出る前に買い手が決まってしまいます。個人で投資する場合は情報ルートや、物件の価値や瑕疵を精査する知識が不可欠ですが、不動産小口化商品であれば、不動産特定共同事業法に基づいて許認可を受けた事業者（不動産特定共同事業者）がその役割を担い、最終的には売却まで行います。

第3章では「まさかへの備え」として資産の分散を挙げましたが、不動産小口化商品は、地域、用途、時期に合わせた資産分散の受け皿にもなります。1口の金額が現物不動産に比べて低いので、1口単位で地域や用途、時期を分散させることができます。住居系は築年数や人口動態の影響を受けますが、商業系は景気の変動により賃料などが変化しやすいため、アパートやマンションなどの住居系の収益不動産を所有している方は、オフィスや店舗などの商業系の不動産に分散投資できることも利点です。管理運営は事業者が行うため、地域や用途を分散させても管理の手間は、ほぼ発生しません。

不動産小口化商品の「デメリット」

このようにさまざまなメリットがある不動産小口化商品ですが、デメリットもあります。

まず、不動産投資全般にいえることですが、元本保証や賃料収入の保証はありません。管理運営を事業者に任せる分、実物不動産投資と比べて利回りが低くなる傾向があることや、融資が使えない場合もあります。

また、単独で所有する場合と異なり、売却の時期が自由に選べない場合もあります。

資産家などの需要が急激に高まったことと、最低出資額の制限がなくなったことを受けて、新規参入する事業者が数年で30%ほど増えています。商品が増え、多くの人にチャンスが広がることはいいことですが、一方で心配なこともあります。

実績のある事業者を見極める

不動産特定共同事業法の改正により最低出資額が緩和され、現在は最低出資額の制限は撤廃されています。極端な場合、1口1万円で出資者を集める商品をつくることもできます。

出資額を下げれば出資者を集めやすい半面、２つの問題が発生します。

１つ目は合意形成が難しくなることです。組合で物件を所有しているため、売却や大規模修繕などが必要な事態が生じた場合、出資者が数百人、数千人規模で果たして迅速な決議が可能でしょうか。

２つ目は運営の手間とコストの上昇です。出資者の数だけ契約や報告、連絡などの手間が増えます。それに対応しきれる事業者でしょうか。出資額を極端に下げたり、短い運用期間で募集して、ほかの商品販売を目的とする宣伝広告としているケースも出てきています。安易な権利の贈与を推奨する運営事業者や税理士もいますが、高い税務リスクが伴います。今後は、一部の事業者や商品で問題が噴出してくるのではないかと懸念しています。

地方都市では人口減少が進み、不動産の資産価値の目減りを目の当たりにした資産家の出資も増加傾向ですが、事業者の経験や実績を調べ、信頼性の高い事業者を選ぶことが重要です。２０２０年には実績のある事業者によって不動産特定共同事業者協議会が発足し、２０２１年には一般社団法人に移行して健全な発展を目指す活動をしています。同協議会の会員かどうかは事業者を選ぶ際の１つの参考になるでしょう。

CHECK POINT

◎最初から共有にしないための「不動産小口化商品」

◎出資後の安易な持分贈与は高い税務リスクが伴う

◎メリットは「手間いらず」「分割効果」「資産価値」「高い稼働率」

◎「不動産小口化商品」のデメリットにも注意

◎出資時の条件だけでなく売却時の条件も想定する

「不動産を活用する」ことで事業会社の資産を分割

事業会社の相続対策は課題が多い

家族や一族によるファミリー企業の場合、後継者に自社株を集めて経営権を確立しながら、ほかの兄弟姉妹にも配慮しなければなりません。その鍵を握るのは不動産です。

ここでは、不動産を効果的に活用して「円滑な財産承継」「円滑な経営承継」「納税資金の確保」「財産の運用と保全」、そして「まさかへの備え」という5つの視点で「全体最適」を実現した例を紹介します。

15億円の自社ビルと事業会社をどう分ける？

工藤さん（仮名、72歳）は都心の自社ビルの1階で、長男の孝一さん（同、45歳）、次男の研二さん（同、42歳）と事業を営んでいます。現在の会長は工藤さん、社長は長男の孝一さんが務め、次男の研二さんも役員として経営に参加しています。

K社と自社ビルの時価総額は約15億円で、工藤さんが所有しています。そのほかに世田谷の戸建て（自宅）とコインパーキングが2カ所あります。世田谷区の自宅は工藤さんと長男、次男の3人の共有です。金融資産は現金と有価証券で約1億円。金融機関からの借入れが約3億円あります（図表4-9）。

試算したところ相続税はそれほど大きな額にはなりません。自社ビルの相続税評価が時価の3割弱となることや、3億円の債務控除が使えるためです。

工藤家の課題は、相続が起こったとき、「資産の大半を占める自社ビルと会社を、兄弟でどう分けるか」です。自宅の共有も解消しなければなりません。また、K社の事業収支が横ばいなので、「まさかへの備え」として事業収益を補う対策も必要です。

工藤さんの例では、自社ビルを売却し、その一部をリースバックして事業を続ける方法を

図表 4-9 工藤家の資産概要と親族関係図

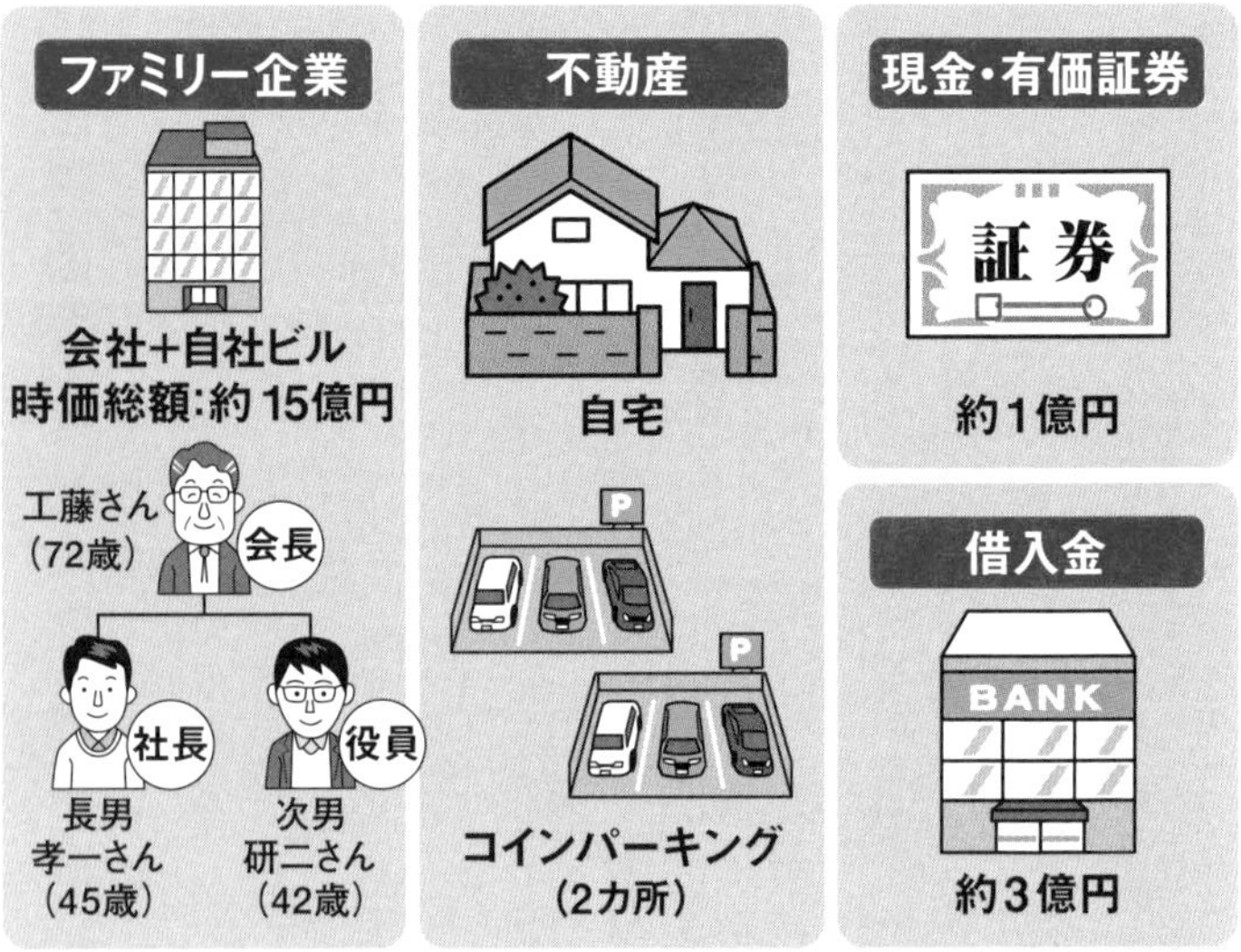

採用しました。「リースバック」とは、正式には「セール・アンド・リースバック（sale and leaseback）」、日本語にすると「賃貸借契約付き売却」のことです。売却により不動産の所有権は移りますが、ビルの一部を賃借できるため事業は今まで通り続けられます。

ビルの売却代金は、収益不動産の購入に充てました。これで、本業の収益の落ち込みを収益不動産の賃料収入で補うことができます。リースバックした事務所の賃料もここから払っていきます。

次は自社株の問題です。収益不動産は取得後3年間は時価評価となりますが、3年過ぎれば相続税評価になり、株価が下がります。このタイミングで、工藤さんの株を長男の孝一さんに移していきます。これで経営権は後継者の孝一さんに移行し、事業承継の問題はひとまず解決します。

残る課題は「資産の分割」です。

この解決には、工藤さん個人が収益物件を購入し、相続の際に次男の研二さんに渡すことにしました。購入資金は、工藤さんが得た自社ビルの売却代金の一部を充てました。

また、自宅の次男の持ち分は工藤さんが買い取りました。これで自宅は工藤さんと長男の共有になり、相続が発生したときは長男が引き継ぎます。残ったお金は借入金の返済に充てました。

所有していた自社ビルを売却することで「K社とその資産および自宅は長男が継ぎ、次男は収益物件と自宅を購入する資金を相続する」という形ができ、工藤家の課題だった事業承継、財産の分割、共有の解消、収益力の改善（K社）が解決できました（**図表4-10**）。

この例では、最大の資産であった自社ビルが解決の鍵です。事業会社の相続対策においても、不動産を活用することで「全体最適」を図ることができたわけです。

では、資産は会社だけという場合はどうでしょうか。次はそんな例を見てみましょう。

図表 4-10「5つの視点」に基づく工藤家の総合評価

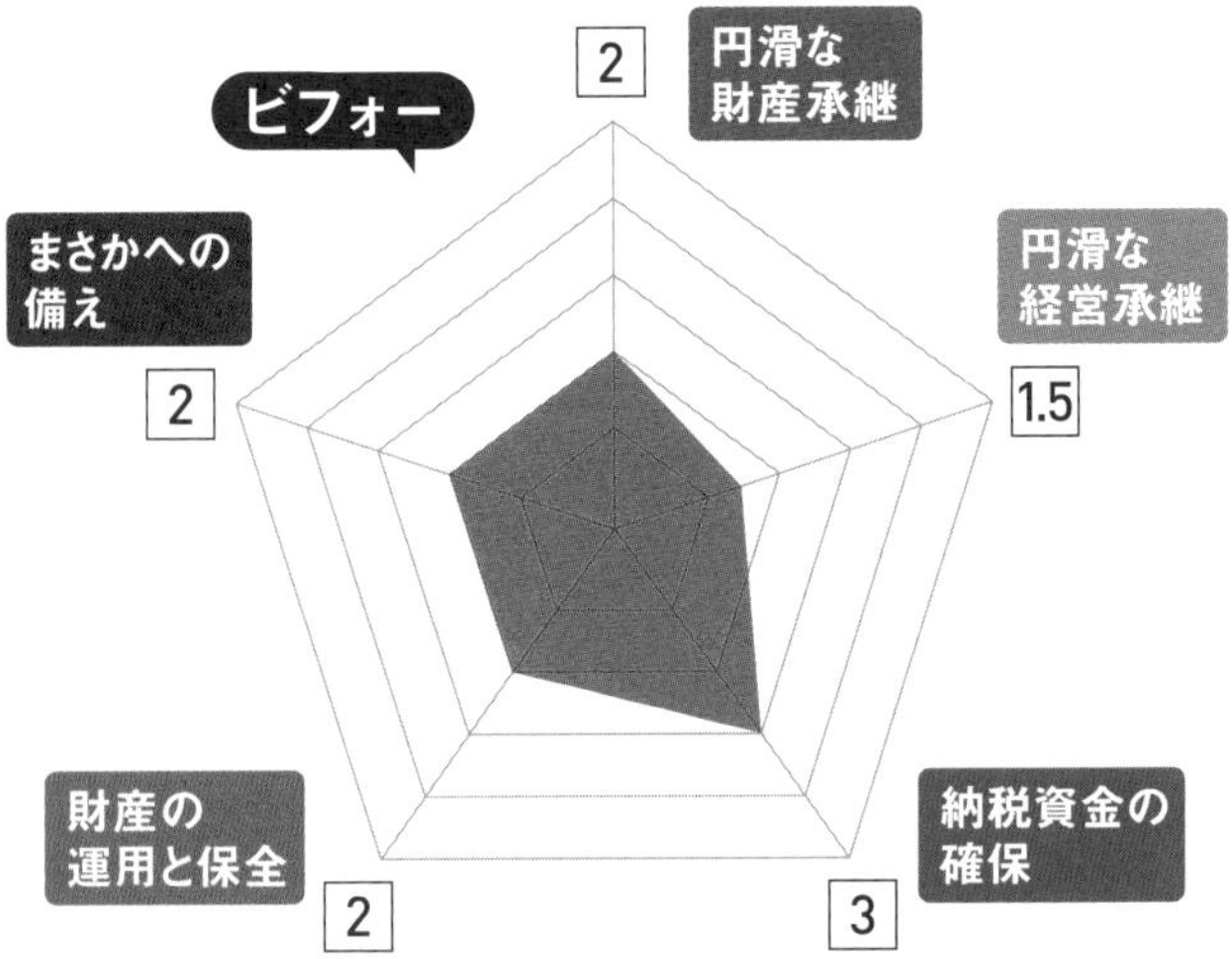

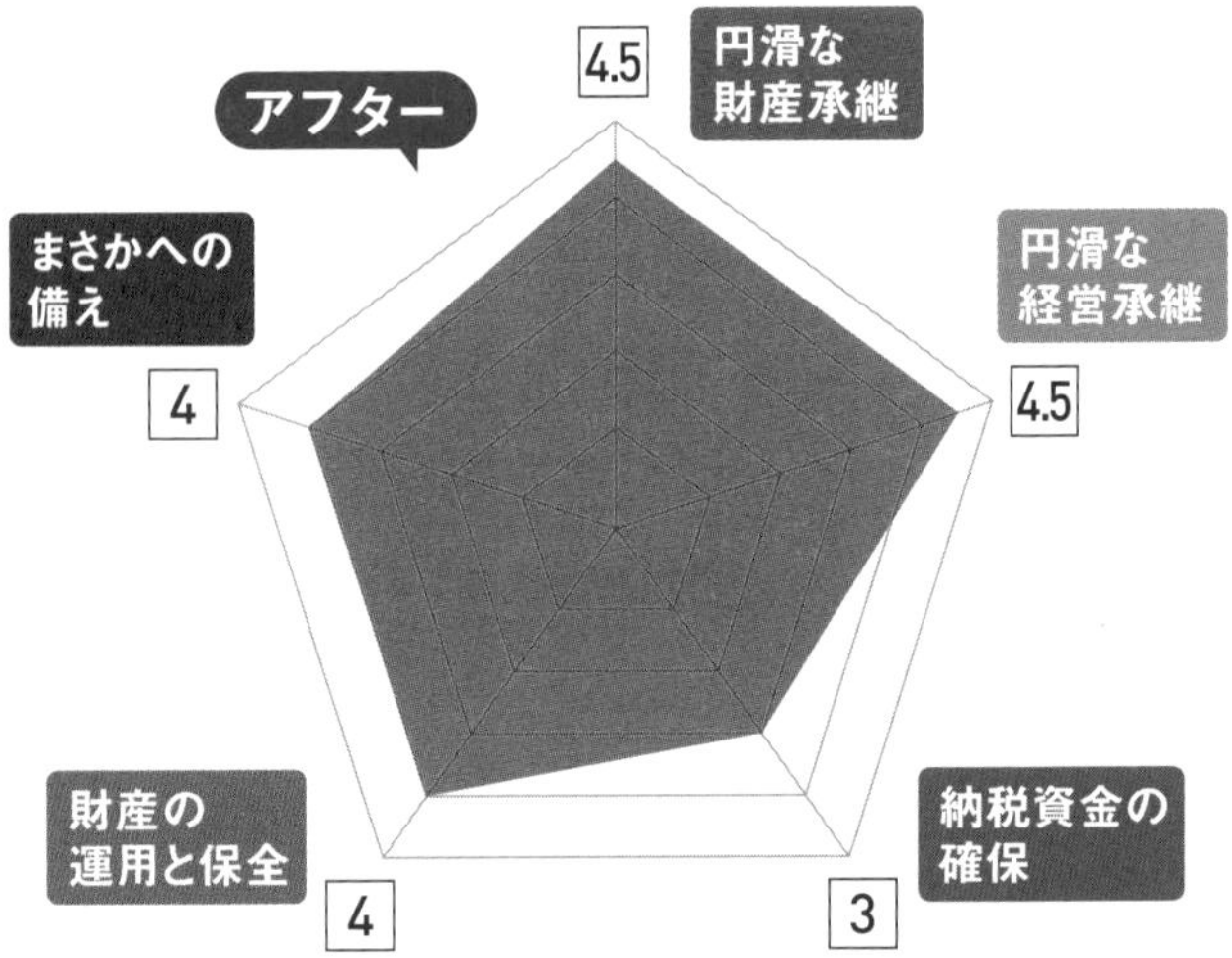

資産は事業会社のみ、兄弟でどう分ける？

砂川さん（仮名、78歳）のS製作所は小規模なファミリー企業ですが、他社にはない独自技術があるため業績は好調。株価が非常に高く相続税が発生します。砂川家の資産のほとんどはS製作所の株式です。長男の健吾さん（同、52歳）と次男の要さん（同、48歳）も、砂川さんと一緒に働いています。

今は砂川さんが会社の要となっていますが、今後の経営を考えると、後継者の長男に株を譲っておきたいと思っています。しかし、それでは次男の要さんに渡すものがありません。

財産の数が少ない場合や、分割しにくい場合、「とりあえず共有」にしがちですが、何度も話してきたように、それは問題の先送りでしかなく、避けるべきです。

砂川さんの場合、財産の承継と経営の承継の両面から対策を考える必要があります。砂川さんは、自身の年齢や後継者への信頼から、会社の代表を退くことを決断しました。会社は今までの功績に報いて退職金を払います。このタイミングで、長男の健吾さんに株を渡すことにしました。

役員退職金は一般的に次の式で算定されます。

役員退職金＝最終報酬月額×役員在任年数×功績倍率

砂川さんは創業者ですから、少なく見積もっても2億円近くになります。これだけの役員退職金を支払うことでS製作所の株価が下がり、健吾さんに株を移していきます。

次の課題は「次男の要さんに何を渡すか」です。

この解決策として、砂川さんが退職金の一部と借入金で収益不動産を買い、相続が発生した場合にこの収益不動産を要さんに渡すことにしました。こうして「長男には会社、次男には不動産」という形で砂川さんの資産を分割することができ、円滑な事業承継と財産承継ができます。

このように資産が事業会社だけでも、不動産を絡めることでさまざまな対策がとれます。

不動産は収益力を上げる対策にもなりますし、分割の対策にもなります。しかもインフレにも強い資産です。

CHECK POINT

◎不動産の活用で事業会社の相続問題を解決できる

◎自社ビルのリースバックと収益不動産の購入で課題解消

◎事業会社だけが資産の場合でも不動産の活用で対策可能

土地持ち資産家を悩ます「底地」を優良資産に変える

対策を先送りしやすい資産の代表格

昔からの土地持ち資産家にとって、借地権や地上権が付いている土地や貸宅地、いわゆる「底地」は悩みの種です。その大半が先代から相続で引き継いだものではないかと思います。次に挙げるような問題点が揃っているのに、相続税だけはしっかりかかります。

底地の問題点

- 収益性が低い（相続税を賄えない）
- 換金性が低い（おおむね適正価格で売却できる相手は借地人のみ）

●人間関係のトラブルが多い（更新料、譲渡承諾料、建て替え承諾料など）
●土地が返ってこない（賃貸借契約の更新拒絶には「正当事由」が必要）

しかも、底地の整理は容易ではないため、対策を先送りしてしまう資産の代表格となっています。しかし、先送りすべきでない理由があります。

相続税を回収するのに○○年かかる？

底地の地代は一般的に低く設定されています。中には更新時に若干の値上げを実行できるケースもありますが、それでも所得税などの各種負担後の手残りはわずかです。将来発生する相続税を賄う試算を行うと、回収できるまでに数十年という計算結果になることも珍しくありません。

まさに「負」動産ですが、旧借地借家法（1992年8月以前）で土地賃貸借契約を結んでいる場合、特別な事情（正当事由）がない限り、貸し主は契約更新を拒絶することはできません。旧借地借家法はもともと借地人を保護する目的でつくられた法律ですので、貸し主

図表4-11 更新料・承諾料の目安

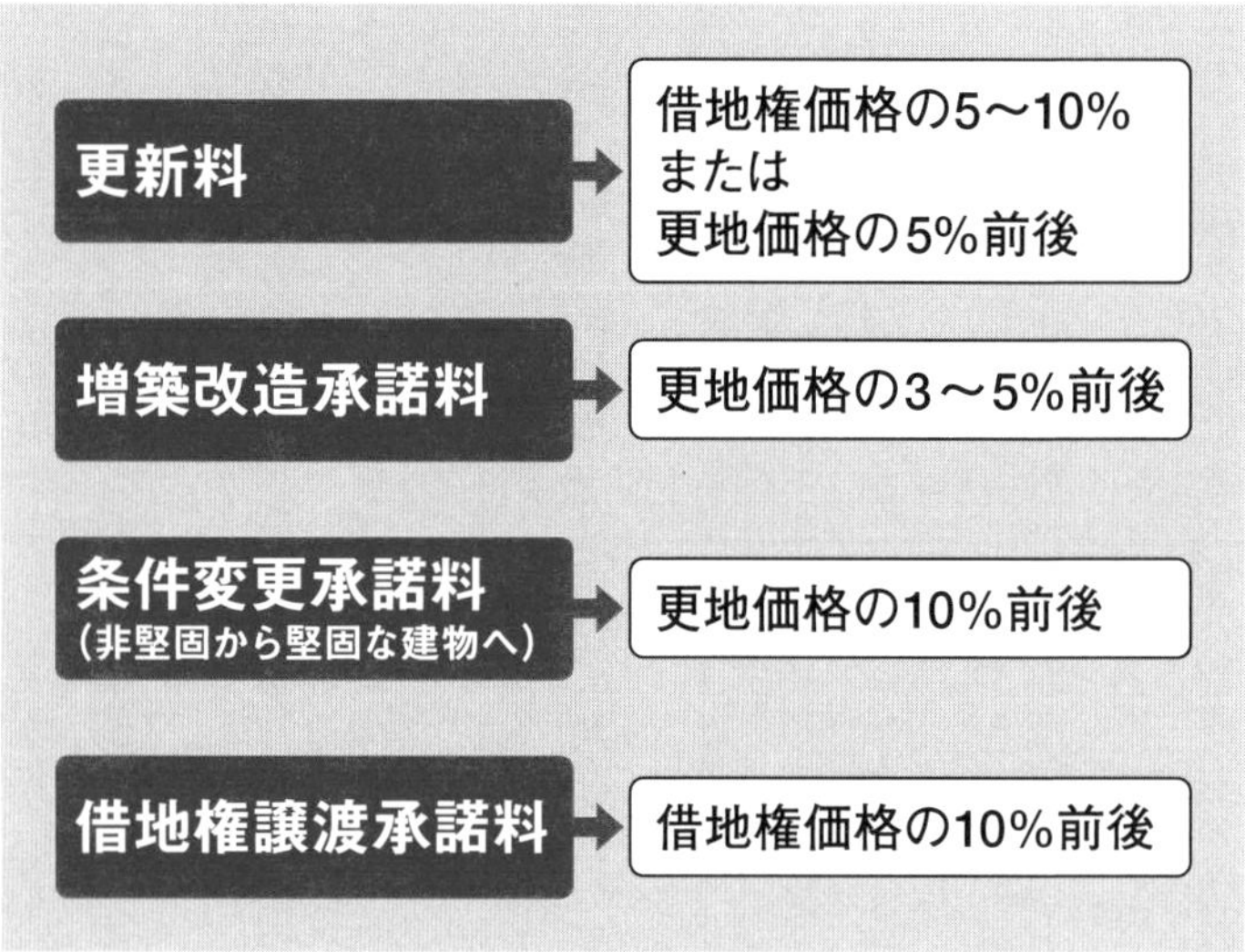

側の正当事由が認められることもほとんどありません。つまり、借地人がいる限り底地としての利用しかできないのです。

地代のほかに、更新料や増築改造承諾料、条件変更承諾料（非堅固な建物から堅固な建物への変更など）、借地権譲渡承諾料などがありますが、この交渉も容易ではありません。一応の目安はあるものの、中には権利意識が強く、一筋縄ではいかない借地人がいるのも確かです（図表4－11）。

そうした借地人との交渉でトラブルになったケースもあります。

たびたび地代を滞納していた借地人が家の建て替えを申し入れてきたときに、

こちらが承諾しなくても借地人が裁判所に申し立てをすることで、裁判所が介入して建て替えの許可を出したのです。

裁判所が私人間の生活関係に関する事柄に対し、通常の訴訟手続きによらず後見的な立場で介入して簡易な手続きで処理する、非訟事件と呼ばれる手続きです。

建て替えた建物がある限り、この借地人との土地賃貸借契約を更新し続けなくてはなりません。このように、底地は資産家にとっては悩みの種だといえるでしょう。

底地を優良資産に変える4つの方法

土地持ち資産家にとって問題ばかりに思える底地ですが、優良資産に変える方法もあります。それは次の4つです。

- **底地売却：借地人に底地を売却する**
- **借地権買い取り：借地人の借地権を買い取り、所有権にする**
- **敷地引き分け：借地権と底地権が等価になるように敷地を分割する（ある程度の面積が**

必要)

●共同売却：借地人と一緒に第三者に土地を売却する

相続が発生する前にこれらの方法で底地の整理ができれば、土地持ち資産家の悩みの種である底地を解消できます。しかし、相続が発生した後になると、行える底地対応は次の5つになります。

●借地人に売却する
●底地買い取り業者に売却する
●物納する
●共同売却する
●現状を継続する

5つもあると思われるかもしれませんが、5つ目は問題の先送りでしかありません。また、相続発生から納税までの期間は10ヵ月間しかありません。1つ目の借地人への売却交渉がこの間にまとまればよいのですが、借地人に購入の意思がなかったり、購入したくても資金を用意できなかったりといった場合は往々にしてあるでしょう。事情を知って足元を見る借地人がいないとも限りません。

物納するための条件と準備

2つ目の方法が物納です。「底地が物納できるのか?」と驚かれるかもしれませんが、条件が揃い、準備を整えればできます。私たちは底地物納の実績とノウハウを積み重ねてきました。ただし、その準備は相続が発生する前にしておく必要があります。だからこそ、現状の把握が重要になるのです。

物納が認められるには、いくつもの厳しい条件があります。「相続人が金銭納付も延納による納付もできない」と税務署が判断した場合のみ、物納が認められており、物納できる財産の要件にも指定があります。

土地持ち資産家の場合、底地以外の資産を持っている方や、不動産の賃貸などから定期的な収入がある方が多いでしょう。そうなると税務署が物納を認める可能性はかなり低くなり

図表 4-12 底地物納申請に必要な書類

- 所在図
- 公図
- 登記事項証明書（土地・建物）
- 地積測量図
- 境界確認書
- 土地賃貸借契約書（写）※地主に不利な条項は不可
- 賃借地の境界に関する確認書
- 建物図面・各階平面図
- 敷地に関する確認書
- 直近3カ月の地代領収書（写）
- 工作物等の越境の是正に関する確認書
※越境物がある場合は要注意

ます。

そこで相続が発生する前に準備が必要になります。その準備とは、「相続税の金銭納付も延納による納付もできない人」、例えば、年齢が低く、資産や収入もない（あるいは少ない）孫と養子縁組して相続人にすることです。相続が発生した場合には、その養子縁組した孫が底地の物納を申請できるようにしておくのです。

物納するには地代の確認や土地賃貸借契約書の内容の検証、土地の測量にも相応の時間がかかりますから、できれば相続が発生する前に準備しておくとよいでしょう。

相続が発生したら、税理士が「金銭納付を困難とする理由書」を作成し、孫が物納を申請します。底地物納申請に必要な書類は**図表4－12**になります。

底地の物納申請自体には借地人の許可は必要条件ではありませんが、前述の申請書類を用意する上で、借地人の了解を得ておく必要があります。

なお、底地の物納には、土地の流動性が高まるなどのメリットもあります。個人の地主が相手では、土地の購入交渉に応じてくれなかったり、価格面で感情的にもつれたりすることもあるでしょう。国が底地権者になると、底地の購入や交渉にも事務的に対応してくれます。

底地買い取り業者に売却する場合

3つ目の方法が底地買い取り業者への売却です。短期間に売却できるというメリットがあります。一方、業者の買い取り価格の相場は、更地価格の10～20％程度と低めになります。底地割合が40％の土地の相続税評価額と比べると4分の1から2分の1ですが、相続前に現金化できれば資産の組み替えもできますし、後々の負担からも解放されます。相続発生後に売却した場合は、底地としての評価ではなく売買価格で申告（時価申告）できる場合があります。

また、後々のトラブルを防止するためには、信頼と実績のある業者の選択が不可欠ですが、一般の人にはその見極めは難しいかもしれません。

底地以外にも整理すべき資産はある

ほとんど活用できないまま残っている資産は、底地のほかにもあります。未利用地や道路収用に伴う残地、自然災害リスクの高いエリアにある不動産などです。そうした不動産からの収益はゼロでも、固定資産税と相続税の課税対象にはなります。相続対策の一環として、私たちはこうした土地の処分や整理もお手伝いしています。

具体的には道路用地として自治体に提供したり、隣地へ売却したりします。さまざまな方法で整理・処分したことを報告すると、「本当にすっきりしました」と大変感謝されます。

相続税評価は3000万円程度の未利用地であっても、相続税率が30〜40%の土地持ち資産家であれば、相続税は1000万円前後かかってきます。

また、自然災害リスクが高いエリアにある不動産も注意が必要です。財産全体から見たときに規模が小さいと、見落としたり後回しにしたりしがちです。

つい先日もお客様が所有する郊外の山林が大雨で土砂崩れを起こし、隣接する分譲マンションのフェンスをなぎ倒すという事故が発生しました。ちょうど所有されている不動産の検証を進めているところで、「負」動産となりかねない山林は手放したほうがよさそうという話が出ている最中に、「まさか」の土砂崩れとなったのです。

現在は、フェンスの復旧工事と二次災害の防止について分譲マンションの管理組合と協議を進めていますが、財産の毀損はもちろんのこと、精神的なストレスも大きく、対応にも追われてほかの対策をいったん保留にせざるを得ない状況となっています。

こうしたことを避けるため、相続発生前にできる限り整理することをお勧めします。繰り返しになりますが、そのためにはまず資産の現状分析が不可欠です。

以上のようにさまざまな方法を組み合わせて、底地などの「負」動産の整理や処分をワンストップでできる専門家やコンサルティング会社はまだ少ないと思います。

CHECK POINT

◎「底地」は問題が多く対策が先送りになりがち

◎「底地」を優良資産に変える方法はある

◎問題解決には資産の把握と事前準備が不可欠

◎底地以外の活用できていない資産も対策が必要

◎災害危険区域にある「負」動産は早急に処分する

column 2

非上場株の評価
～「資本金＝株価」ではない！～

非上場会社の株式（自社株）の相続税評価額は盲点です。資本金が少なくても現預金や不動産、生命保険の解約返戻金などが多いと評価は高くなります。算出方法は、「類似業種比準方式」「純資産価額方式」とその「折衷方式」があり、会社の総資産価額や取引金額、従業員数などで使う割合が決まります。

評価方法は割愛しますが、例えば、資本金300万円の資産管理会社（総資産価額2億7000万円、取引金額3500万円、従業員数1人、小会社と判定）の場合、株価は2万5000円、オーナーが保有する3000株の相続税評価額は7500万円と試算されます。これは「折衷方式」で試算しましたが、総資産に対する不動産資産（借地権等含む）の割合が一定以上の場合は「土地保有特定会社」となります。純資産価額方式による評価が用いられ、株価は4万円、相続税評価額は1億2000万円にもなります。

「こんなに高いとは！」と驚いて対策を検討する方も多いのです。対策を行う際には、必ず事業や財産の承継、納税計画など、全体像を把握した上で「全体最適」になるような対策を行ってください。

グローバルな資産運用で「まさか」に備える

世界中で活況なリスク投資だが

新聞やニュースなどでは、世界の投資マネー余りを背景に株式や社債、不動産等のリスク資産への投資が活況との報道がされています。

２０２１年６月22日付の日本経済新聞でも「個人の20年の運用成績、６割がプラス　海外投資広がる」と報じています。こうした報道を見聞きしているうちに、利息がほぼ付かない預金をそのまま寝かせておくことで損をしている気持ちになる方もいるでしょう。こうした社会情勢を売り文句に使い、金融商品を販売することを目的に近づいてくる業者も少なくありません。

安易な資産運用は財産を毀損するだけでは済まない

こうした世の中の動向により、金融商品に興味を持つことは、資産運用の幅を広げるきっかけの1つです。検討中の方や、すでに運用を始めている方もいるのではないでしょうか。ですが、明確な目的を決めずに投資を行うことは、財産だけでなく心や身体も不安定にしてしまいます。

「金融機関から勧められた金融商品を購入したが、うまく運用できていない」
「マーケットの変動に一喜一憂するのには疲れたので、本当によい商品に投資したい」
「いろいろな商品がありすぎて、何に投資してよいのか、さっぱりわからない」

こうした相談が年々増加しています。中には付き合いの長い金融機関からのお願いで購入したものの、その後一切フォローがなく、状況がわからないままほったらかしているという声を聞くことも少なくありません。

金融商品による投資は手軽に始められる一方で、闇雲に行うと身体にも悪影響をおよぼしかねないリスクがあります。あるべき姿は、目的に応じた資産運用です。決して投資した商品の値動きを毎日ハラハラしながら見守るようなものであってはなりません。

日本の公的年金の運用方針とは

日本の公的年金資金を管理運用するGPIF（年金積立金管理運用独立行政法人）は、2020年度末において過去最高となる186兆円の資産運用を行っています。この世界最大規模である運用機関の内訳に目を移すと、国内債券25・92%、外国債券24・61%、国内株式24・58%、外国株式24・89%とほぼ4等分に分散されているのがわかります（図表4-13）。

運用実績は、2001年から2020年までの20年間で、収益額は95・3兆円、収益率は3・61%です。単年度で収益がマイナスになった年もありますが、分散・長期運用により資産は増加しています。過去に大きな損失を出した際に、ニュースなどで報道されたので目にした方も多いのではないでしょうか。しかし、「分散」「長期」方針による投資手法は、単年では負けることがあっても、長い目で見ると一定の収益性を確保できています。

特定のものに投資することは投機的な要素が強くなります。株式の場合、保有している会社の株価が何倍にも上がることもあれば、倒産してゼロになることもあります。これは国内外関係なく、長期的な投資を行う上では、当たるか外れるかは読み切れません。

図表4-13 GPIFの運用実績

2020年度末時点
186兆1624億円

資産構成割合（年金積立金全体）

円グラフ：基本ポートフォリオ
（カッコ内は乖離許容幅）
円グラフ外の数値
：2021年3月末

外国株式 24.89%
47兆8180億円

国内株式 24.58%
47兆2273億円

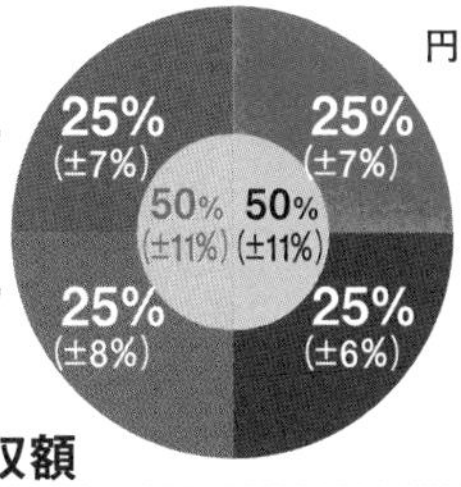

国内債券 25.92%
49兆8078億円

外国債券 24.61%
47兆2943億円

各資産への配分・回収額

	国内債券	外国債券	国内株式	外国株式
配分・回収額	＋3兆7160億円	＋9兆8371億円	−3兆24億円	−10兆91億円

※各資産の配分・回収額は、配分額から回収額を差し引いた金額
出典：GPIF「2020年度業務概況書」より作成

なぜなら、あらゆる業界で数年から10年に一度、ゲームチェンジャーと呼ばれる業界の常識をひっくり返す企業が現れたり、想定外の規制の緩和や強化により市場が大きく変化するためです。

このようなことからも、世界最大規模の運用機関であるGPIFをはじめ、プロの投資機関が分散・長期運用をしている理由がわかると思います。

世界から取り残される日本企業

2021年2月には日経平均株価が3万円台を回復し、1990年8月以来、

30年ぶりの大台到達とニュースになりましたが、１９８９年のバブル崩壊前の3万８９５７円を超える状況には至っていません。それに対して、アメリカのダウ工業株平均は２０２１年に入り史上最高値を何度も更新しています。

日本経済新聞（２０２１年8月31日付）の記事「ＧＡＦＡを作った『01年』」によると、１９８９年には、日本企業は世界の株式時価総額ランキングで1位から5位まで独占していました。それから30年余り経過した２０２１年現在、アメリカのＷｅｂサイト「カンパニーズマーケットキャップ・ドットコム（CompaniesMarketCap.com）」によると、10位までに入る日本企業はなく、トップ50まで見るとトヨタ自動車が33位にランクインしているのみです（２０２１年7月20日現在）。トップ50の内訳を見ると、１９８９年は日本32社、アメリカ15社、イギリス3社でしたが、２０２１年は、アメリカ35社、中国5社、スイス3社で、日本はトヨタ自動車1社のみです。

このランキングをさらに見ていくと、1位の時価総額にも大きな違いがあります。１９８９年に1位だった日本電信電話（ＮＴＴ）は１６３８・6億ドルでしたが、２０２１年7月の1位であるアップルは2兆３７７０億ドルと、時価総額に14倍以上の差がついています。2位以下のマイクロソフト、アマゾン・ドットコム、アルファベット（グーグルの親会社）

においても、当時のＮＴＴの数倍の時価総額です。

２０２０年には「ＧＡＦＡ」と呼ばれるアメリカのＩＴ大手４社（グーグル、アップル、フェイスブック、アマゾン）とマイクロソフトの５社合計の時価総額が、東証一部約２１７０社の合計を上回りました。これは日本経済そのものが長らく停滞してきたことに加え、世界の投資マネーがアメリカのＩＴ企業に集中していることが要因です。

株式市場ではこのように一部の企業に集中投下がされていますが、あくまでも分散・長期投資が原則です。なぜなら過去に時代を席巻した日本の金融機関がバブル崩壊後に姿を消したように、特定の企業や業界が右肩上がりに成長し続けることは可能性として限りなく低いからです。そのような傾向を考えると、日本企業の逆襲もあり得ないことではないでしょう。

したがって、リスクや値動きといった相関関係の異なる国内外の株式や債券、金、プラチナ、ヘッジファンドなどの幅広い金融資産への分散・長期投資が今後も資産運用の定石になります。

はじめの一歩こそ「分散投資」

代々不動産を相続してきた土地持ち資産家の多くは、金融資産の運用に及び腰です。「よくわからない」「なんとなく不安」といった理由が多いのですが、一方で、不動産においては数億円の投資も客観的に状況を見極めて決断します。反対に、ほかの企業や事業の合併・買収などで多額の現金を手にした方や、金融商品を軸に資産を形成した方は、不動産投資には同様の理由で後ろ向きです。

資産の大半を占めるものへの投資は取り組みやすく、故に保有資産に偏りが出ます。自身の経験値は大きな財産ですが、その経験だけではつまずきます。

まずは、現状を知るために財産の棚卸しを行い、今後の人生に必要な資金を見極めた上で、適正な投資金額を決定します。もちろん、投資や運用に関する考え方を学び、きちんと整理することも大切です。そのステップを踏まえた上で、次世代に遺していくような長期目線の計画を立ててから行うことをお勧めします。

不動産収入の借入金返済後の手残りを積立型で分散・長期投資することで、将来の相続税に充当したり、収益物件の空室増加や金利の値上がりで収支が悪化した際の手当てとしても使ったりできます。また、リスク分散という観点からは、円を定期的に外貨に分散しておくことも必要です。

しかし、定期的な管理と見直し（モニタリングフォローとリバランス）を行わないと効果は半減してしまいます。「やりっ放し」は禁物です。

CHECK POINT

◎グローバルな資産運用は早く始めて長く行う

◎リスクや値動きが異なる金融資産に時間と場所を分散して行う

◎相続税への充当や不動産の「まさか」への備えとする

◎運用後は定期的な管理と見直しを行う

遺言書の「付言」と「家族憲章」で「心の相続」を

受け継がせるものは「財産」だけではない

相続対策に関する情報の大半は、「財産」についての節税対策や納税対策、分割の知識やテクニックの紹介です。確かにどれも必要なことであり、本書でも紹介していますが、実際の相続の現場で対策の成否を左右するのは「家族の関係」と「家族の価値観」です。

どんなに完璧と思われるような対策も、知識とテクニックだけではうまく進みません。家族の話し合いがうまくいき、相続後の家族関係が円満であって初めて、「相続対策が成功した」といえるのではないでしょうか。特に資産家の場合、受け継ぐものも受け継がせるものも大きいため、「財産」だけに注目して対策を考えると家族間の調整は難しくなります。

受け継ぎ、受け継がせるものは「財産」だけではないのです。

名家、旧家、老舗といわれるような家や商家には、代々受け継がれてきた家訓や商いの哲学があります。一代で財を成した実業家や起業家も、生涯を通じて得た学びや築きあげた思想など、次の世代に伝えたいことがたくさんあります。企業もまた「企業理念」を大切にしています。社員を1つにまとめ、企業を継続的に成長させていく精神的な基軸だからです。

これは「家」も同じではないでしょうか。こうした「見えない財産（非財産）」である「心」を次の世代にどう受け継がせていくか、家や家業を受け継いでいく意味や意義をどう伝えるか、これも大切な相続対策です。

遺言書の「付言」で想いを伝える

遺言書は、いうまでもなく本人の遺志を示すもっとも確かな方法です。資産家の場合、法律的に無効にならないよう、専門家が形式上の要件をアドバイスして公正証書遺言を作成します。遺言書の作成は必須条件ですが、ここでは、本人にしか書けない「付言」の大切さについて紹介します。

付言とは、遺言の本文（遺言事項）に付け加える文章のことです。家族への感謝や言い残したいことなどを自由に書き加えることができます。付言には法的拘束力はありませんが、家族への最後のメッセージです。遺された家族の心に響き、家族の気持ちをまとめ、相続争いを抑止する効果もあります。

「いつも無口な父親が、こんなふうに自分たちのことを心配していたのかと、ジーンとした。兄弟と財産を争う気持ちが消えました」という人もいます。付言を何度も書き直しているうちに家族への気持ちが高まり、遺言の本文より付言のほうが長くなった人もいます。

土地持ち資産家やファミリー企業の経営者の場合、家や事業を継続させるために後継者に資産や株式の大半を相続させることが多いでしょう。遺言の本文ではごく事務的に「誰に何を相続させる」としか書けませんが、例えば、次のような付言があれば、ほかの兄弟姉妹の受け取り方は違うのではないでしょうか。

「このように決めたのは、長男の○○に本家の財産と誇りを守り、家業を発展させてほしいと願ったからです。○○は好きな道を諦めて、これまでずっと頑固な私を助けて家業に全力を尽くしてくれました。○○の妻の△△さんにも、母と私の介護で随分長い間苦労をかけました。感謝していま す。長年の2人の苦労と『家を継ぐ』と言ってくれた気持ちに報いたいと思います。

これからは当主として、長女□□や次男◇◇が困ったときは手を差し伸べてください。長女□□、次男◇◇は不満に思うかもしれませんが、家を守るにはお金も心労もかかるものです。私の気持ちを尊重してこの遺言に決して異議を申し立てないでください。

3人とも同じように大切に思っています。末長く兄弟仲良く幸せに暮らすことが、私の一番の願いです。皆、本当にこれまでありがとう」

ただし、付言に込められた親の想いを子が知るのは、親の死後です。親の想いやその家の理念を次の世代につなぐために、生前にできることはないでしょうか。

家族（一族）をつなぎ、世代をつなぐ仕組み

「心の相続」を実現する1つの方法として、当社では、一族と事業の永続的繁栄を目指す「ファミリーオフィス」という仕組みを提案しています。ファミリーオフィスというと、富裕層が

高度な資産運用を行うための器というイメージを持たれる方もいるかと思います。しかし、本来のファミリーオフィスは資産とその資産を所有する一族が永続するために、資産の管理と一族の管理を包括的に担うものです。

私たちはこれまで財産の承継、運用、管理を中心にお客様のサポートをしてきましたが、ファミリー企業の経営者や土地持ち資産家の相続の相談を受ける中で、「全体最適」を実現するには、目に見える財産だけでなく、その家族や一族がこれまで築いてきた精神的なものも合わせて次の世代に受け継いでいくことが重要で価値があることに気づき、本来の意味でのファミリーオフィスの活用の提案を始めました。

ファミリーオフィスの目的は、家族（一族）の絆を強め、永続的に家や事業を発展させていくことです。そのために重要なのが、家族（一族）が知らずしらずのうちにつくりあげ守ってきた独自の理念を明確化し、共有することだと考えています。

具体的には、私たちが用意する質問に答えてもらったり、家族で話をする場を設けてもらったり、私たちがサポートしたりしながら、家族（一族）が「何をよりどころにして、何を守り、どこを目指していくのか」を、家族で見つけるお手伝いをしています。そして、その過程を通じて見つけた家族の理念や価値観を、最終的には「ファミリーミッションステートメント（以下、ＦＭＳ）」という形で明文化し、当世代だけでなく次世代以降の家族も共有できるようにしていきます（図表4-14）。

この中で私たちがもっとも大事にしていることは、理念や価値観を家族が話し合いを通じて見つけていく、その過程そのものです。なぜならその過程こそが家族や一族の絆をより強める価値のあるものであり、できた紙（ＦＭＳ）はその結果にすぎません。逆説的にいえば、適切な過程を経ずに紙（ＦＭＳ）だけつくっても、そこには何の意味もないといえるでしょう。

同様に、せっかくつくったＦＭＳも埃を被ってしまったら意味がありません。最近では家族全員が集まる機会が減り、一族が顔を合わす機会はお正月や冠婚葬祭のみというケースも少なくないかもしれません。しかし、家族の集まる貴重な機会にＦＭＳを読み合わせるなど、見えない財産を承継するための特別なコミュニケーションを取り続けることも大切です。中には、家族が近況を報告し合い、家族にとって重要な意思決定を行うための家族会議を定期的に開催する方もいます。

図表 4-14 ファミリーミッションステートメントとは

- ファミリーミッションステートメント(FMS)は、家族が大切にする独自の理念と価値観の表明であり意思決定の方針
- FMSは作成の過程で家族の皆様が独自の理念に気づき、共感している状態をつくることがもっとも重要
- 雛形や他家族の事例等を参考にするのではなく、むしろ、ゼロから試行錯誤を重ねるプロセスを、家族の皆様で体感することこそが大切

ファミリーミッションステートメント
理念と価値観の表明

[例]

1 **ファミリーミッションステートメントの目的**
○○家は、▲▲という目的のために、ファミリーミッションステートメントを制定する。

2 **○○家の歴史**
○○家は、■■をルーツに持つ。甲氏が19XX年に事業を興し……。

3 **○○家の理念**
○○家は、▲▲するために存在する。

4 **○○家の基本価値観**
価値観A：■■……。
価値観B：■■……。

説明書
FMSに込められた思いや背景を補足的に記載

[例]

1 **ファミリーミッションステートメントの制定の背景**
○○家は、これまで事業を経営してきたが、20XX年に事業を売却した。事業の売却に伴い、○○家に▲▲▲な事情が生じたため……。

2 **理念に込められた想い**
○○家は、これまで事業を通じて■■の分野で社会課題の解決に貢献をしてきた。それは創業者である甲氏の▲▲▲という思いによるものである。よって○○家の理念は……。

3 **基本的価値観に込められた想い**
価値観A：この価値観は、■■■という理由から基本的価値観として採用された。○○家はこの基本的価値観をもとに意思決定を行い……。

FMSがもたらす価値

FMSは、どのようにつくればいいのでしょうか。

基本的に書き方は自由ですが、要素としては、家族や家業が大切にする価値や、一族が事業を通じて実現していきたい社会的使命や目的、それを実現するための家族と社会の関わり方、家族間の関わり方、家族やその資産形成の歴史といったものが挙げられます。

こうした要素を前述のように話し合いを通じて掘り下げていき、その家独自の理念や価値観をゼロからつくりあげる場合もあれば、すでに原型がある場合にはそれを磨き込む形でつくることもあります。いずれにしろ、明文化する上でもっとも大切なのは適切な過程を経ることです。そして、次の世代の意思決定や後継者が成長していくための行動指針となるように、具体的に文章を記載していくことです。

あるファミリー企業創業者のFMSの作成をお手伝いした担当者は、波乱に満ちた人生を追体験しているような錯覚に陥ったそうです。そこに記された理念はもちろんですが、一つひとつの言葉の裏に、自身の失敗も含めた生々しいエピソードが率直に語られており、心を揺さぶられたのです。これを残された次の世代はいろいろな意味でとても幸せではないか、素晴らしい後継者教育であり、人生を生きていく上で何よりも価値ある財産になるのではないかと感じたと話していました。

経営に関与しない株主をまとめる

土地持ち資産家やファミリー企業の経営者には、経営や資産管理に関与しない親族や株主がいます。相続が発生するたびにそうした親族や株主が増え、家業や家に対する縁も愛着も薄くなっていく人もいます。ファミリー企業の場合は株式の分散が進むことで、強みであるスピーディな経営を妨げる危険性も高まります。しかし、株式を買い取って集約していくには相当な資金がかかります。

そこでファミリーオフィスを活用して、一族の理念や価値観、歴史などを共有し、一族間のルールをつくりあげていくのです。その結果、株式そのものではなく、一族の総意をまとめることで一族集団として一体となって意思決定を行うことが可能となります。

土地持ち資産家の場合も、資産管理会社の運営や相続対策を円滑に進めていく上で、家族が理念や価値観を共有していること、コミュニケーションの場と機会を持っていることは大変有効な方法だと考えています。

CHECK POINT

◎相続で受け継いでいくのは財産だけではない

◎「見えない財産」である「心」を受け継がせることも相続対策

◎親の想いを伝える遺言書の「付言」を活用する

◎家族（一族）の絆を強める「ファミリーオフィス」

◎「ファミリーミッションステートメント」はつくる過程が大切

◎理念と価値観を表明し意思決定や行動の指針を示す

column 3

まさか！　兄弟姉妹の逆襲
～こころの「争族」対策が不可欠～

親というのは「我が家に限って相続争いなんて」と思いがちですが、父親が亡くなった途端に隠れていた軋轢が表面化することがあります。財産の大半を受け継いだ後継者に、兄弟姉妹が法定相続分や遺留分を請求するといった「争族」に発展することも珍しくありません。

兄弟姉妹がどんな思いを抱えているかはわかりません。ご相談いただき兄弟姉妹の間に入ることができれば、感情的な行動を食い止められることも多いと考えます。当社は中立的な第三者として個別に思いや意見、立場をお聞きして問題を分析し、時間をかけて解決に向けて調整していきます。「全体最適」な相続対策を実現するには、家族全員が課題を理解し納得して、対策を進めることが不可欠だからです。

第4章で紹介している「ファミリーオフィス」という仕組みも、財産や経営を円滑に承継する重要な土台づくりです。自分たちの家族（事業）の誇りや使命、価値観を探し出し、創り上げていくプロセスをともにたどることが、何よりも有効な「争族」対策ではないかと思います。

第 5 章

プロの言う決まり文句は信じられるか

相続に関する相談や提案、手続きなどにビジネスとして携わる企業や専門家はたくさんいます。「Afterコロナ時代」には、土地持ち資産家やファミリー企業の経営者は、そうした「プロ」から提案を受ける機会が増えるでしょう。第5章では、それらの提案を例に挙げ、信頼できる専門家を見分けるポイントを解説します。

大切なのは、そのプロは「何のプロ」なのか

得意・目的・仕事は何か、何によって利益を得ているか

相続は、多くの土地持ち資産家やファミリー企業の経営者にとって悩みの種です。それだけに相続にまつわる相談、対策、各種手続きを行うことがビジネスになり、多種多様な企業や専門家が関わっています。

そうした「プロ」は確かに頼もしい存在ですが、あくまでもビジネスですから「利益」は重要な要素になります。顧客の利益が第一にあってこそのビジネスですが、中には自らの利益を優先するプロもいるかもしれません。「プロが提案してくれたことだから」と内容を精査しないまま任せた結果、「全体最適」とはほど遠い状態になってしまった例も少なくあり

ません。

なぜそのような残念な結果になるのでしょうか。それは、プロにもそれぞれ得意・不得意な分野があるためです。まずは、相続に携わるプロの特徴について見ていきましょう。

税理士

文字通り「税」のプロで、多くは税務や会計業務を専門に行います。

土地持ち資産家やファミリー企業の経営者であれば、所得税の確定申告業務などを依頼している税理士とのお付き合いがあるでしょう。相続に関する大きな悩みの1つが相続税ですから、「顧問税理士に相続対策もお願いしよう」と考えがちです。

ですが、すべての税理士が相続税の専門家とは限りません。税理士資格は相続税を含め、所得税、法人税、消費税などからの選択制です。「所得税には詳しいけれど、相続税の申告は行ったことがない」という税理士もめずらしくありません。

総合的な相続対策の立案と実行には、不動産や金融、法律などの知識や専門家との連携が必要です。所得税における不動産の扱いは精通していても、資産運用における不動産は専門外という人も多いです。

弁護士

税理士が税のプロなら、「法律」のプロが弁護士です。相続に関しては、法的な解決が必要な局面で土地持ち資産家やファミリー企業の経営者を助けてくれます。契約書を1つ取り交わすにも法的な問題がないか、確認が不可欠です。相続では権利や交渉でトラブルが発生することもあります。そうしたトラブルを解決する場合にも頼もしい存在です。

ですが、相続対策に法的な問題がないかどうかの確認は任せることができても、相続対策そのものを提案してもらうとなると、やはり専門分野が違うといえるでしょう。円満な財産の承継よりも裁判で争い、勝つか負けるか法律面で戦うことが仕事の中心です。

また、不動産においては契約内容の不備などをチェックすることは得意ですが、価値そのものの把握や有効な活用方法については専門外です。

ハウスメーカー、アパートなどの建設会社

土地を活用して建物を建築することで利益を得るのが、ハウスメーカーやアパートなどの建設会社です。相続対策に関する提案の多くは土地活用のための建築や開発が中心で、基本的に「建てる」ことが目的となるので、提案内容は収支予測が甘いものやほかの資産への影響を考えていない場合が多くあります。早期に収益に結びついても「部分最適」な提案になりがちで、顧客の資産全体を考慮した「全体最適」な提案になっていないことが多いのです。

施設や店舗などを開発する提案では、自社の事業効率の面から協業関係にある事業運営者（テナント）とセットで提案される場合も多くあります。スケジュール調整がスムーズになるなどのメリットはある一方、競争原理が働きにくく、事業の条件面で最適な提案にならない場合もありますが、「目先の相続税の効果や熱心な営業姿勢に根負けしてしまった」という声も多く聞きます。

もちろん、さまざまな分析を行った結果、建築を伴う土地活用が「全体最適」となれば、専門的な知識や実績のある建築会社に依頼します。

金融機関

融資を通して顧客の事業や対策を支援するのが、銀行や信用組合などの金融機関です。相続対策として、収益物件の取得や事業転換などを行う際には頼りになる存在ですが、あくまで金融機関のビジネスとしては、「融資」と金融商品などの販売による「販売手数料」が目的です。

相続対策であっても、融資につながる提案や情報、事業者の紹介などが多くなります。また、近年は資産家向けの金融商品等の販売にも力を入れているため、そうした提案を受けることも多いでしょう。長引く収益性の悪化や相次ぐ合併などの影響もあり、「お願い営業」に傾斜する金融機関と、「全体最適」にかなった融資や金融商品の良し悪しをきちんと選別した上で提案してくれる金融機関との二極化が進むでしょう。

不動産仲介会社

不動産の売買や賃貸借の仲介を行う不動産仲介会社。相続対策や相続発生後の対応として、売買や賃貸借の仲介でお世話になる機会は多いでしょう。

不動産仲介会社へ支払う「仲介手数料」は成功報酬ですので、不動産情報の量や対応のスピードはほかの専門家より豊富で迅速です。一方で、不動産情報についてはよい点ばかりが伝えられる傾向があります。家賃収入などの収支についても、「今」しか考えず、将来の賃料下落や修繕計画などの見通し、売却想定額まで検証する不動産仲介会社は多くありません。提案する相続対策も不動産の売買が中心です。

また、契約が完了すれば、基本的に物件の運営に関与しませんので、引き渡しが終了したら関係も終わります。そのため、取引終了後の設備などの不具合や入居者トラブルへの対応、中長期的な視点で「全体最適」が実現できる提案を受けることはあまり期待できません。

不動産管理会社

建物管理や賃料管理、サブリース、借り主募集、入退去時の立ち会いやクレーム対応など、賃貸事業の大半の業務を担うのが不動産管理会社です。不動産管理会社選びは賃貸事業の成否を左右します。

本来は、オーナーの収益や利益と比例するので一蓮托生のはずですが、土地持ち資産家の立場に立った空室対策や賃貸経営の改善まで踏み込んだ提案ができる不動産管理会社は、数としては少ないのが現状です。エリアや用途（アパート、戸建賃貸など）によって管理や募集の得意・不得意もあるので、所有している不動産の種類に応じて分析し、委託するのがおすすめです。

受動的な管理会社も少なくない中、ＩＴを駆使して適性賃料や募集条件の提案や、バーチャルホームステージング（コンピュータグラフィックスを利用したインテリアや家具の再現）に対応している会社もあります。

コンサルティング会社

中立的な立場から情報収集・分析を行い、課題の抽出や改善策を立案し、実行を支援することで報酬を得るのがコンサルティング会社です。あくまでも依頼者の立場に立って動く専門家集団ですが、専門領域や実績などを確認して選ぶ必要があります。

また、コンサルティング会社は大きく分けて、特定の企業グループに属する系列会社と、企業グループに属さない独立系に分かれます。企業グループに属するコンサルティング会社は、同じグループ内のサービスなどを組み合わせたパッケージを迅速に提案できることがメリットの1つです。一方で、グループ企業外の商材やサービスを組み合わせることが難しい場合もあるため、必ずしも「全体最適」な相続対策になるとは限りません。

独立系のコンサルティング会社はそうした制約が少なく、商材やサービス、協業する企業の組み合わせも自由です。売却先や運営会社の募集も入札で行うことで競争原理が働き、最適な企業を有利な条件で選ぶことができます。ただし、「全体最適」な相続対策の実現には、多種多様な企業や専門家とのつながりを持っているかが重要な要素になるため、その会社の実績をしっかりと見極める必要があります。

では次に、「プロ」からのありがちな提案とその問題を、事例を交えて紹介していきます。

CHECK POINT

◎相続対策は多くのプロによって支えられている

◎プロにもそれぞれ得意・不得意がある

◎それぞれのプロが何から利益を得ているかの見極めも重要

プロが勧める「収益物件を購入しましょう」

重要なのは「実質利回り」と「税引き後の手残り」

収益物件の購入は有効な相続対策の1つです。よい不動産を持ち不動産所得を増やすことができれば、対策そのものに問題はありません。多くの不動産仲介会社が、「借入れをして購入すれば相続税が下がります」「賃料収入がいくらで利回り○%の優良物件です」と提案してくるでしょう。ここで注意が必要なのが「利回り」です。不動産仲介会社が示す利回りは、年間賃料収入を物件価格で割った「表面利回り」であることが多いのです。

しかし、本当に必要な情報は「実質利回り」と「税引き後の手残り」です。

ぜひ、提案してきた不動産仲介会社の営業担当者に、次のように聞いてみてください。

「運営経費や固定資産税などを引いた後の実質利回りはどのくらい?」

「所得税と住民税の実効税率が40%の場合、税引き後の手残りはいくら?」

「そんなに借入金を増やして、10年、20年後の事業収支は大丈夫?」

「人口減少などのリスクを踏まえて、空室率や賃料下落を織り込んだ事業収支を試算してほしい」

「ゆくゆく売却したときの想定額は?」

「建物を法人で購入したほうがメリットはあるか?」

最初の質問には答えられるはずです。ですが、そのほかの質問には、正確には答えられないのではないでしょうか。また、不動産仲介会社が作成する事業収支計画は、空室損失や賃料下落リスクが織り込まれていない甘い試算になっていることがほとんどです。その点も注意が必要です。

「利回り4・7%の優良物件」で本当の手残り額は?

次に実際の収益物件を例に説明します。

都内の最寄り駅から徒歩7分、築10年の賃貸マンションです。仲介情報には「物件価格5億5640万円、年間想定収入2650万円、表面利回り4・7％」とあります。

運営には固定資産税、管理費、修繕費、火災保険などがかかります。総収入からこうした経費を差し引いた純営業収益（NOI：Net Operating Income）は2120万円となり、物件の購入経費も含めて算出するNOI利回りは3・59％まで下がります。

さらに、購入者の所得税等の実効税率によって手残り額は大きく違ってきます。総所得によって異なりますが、数億円単位の収益物件を購入して運用した場合、所得税・住民税の実効税率はおおむね20～50％。仮に実効税率40％であれば、税引き後は約1270万円になります。ここから借入金の返済額を引いた金額が本当の手残り額です。

借入金を増やせば事業収支は悪化する

次に重要なのが、自己資金と借入金の割合です。

相続対策と銘打った「借入れを増やして高額な収益不動産を購入すれば、相続税が節税できます」という提案は、相続税の額だけを見れば間違いではありません。しかし、借入金を

図表 5-1　自己資金1億円・借入率70%で購入した場合

借入比率：70%　返済期間：30年　金利：1%

家賃収入	2000万円
減価償却費	450万円
固定資産税	90万円
管理費	250万円
支払利息	250万円
保険その他経費	50万円
税引き前利益	910万円
所得税・住民税（40%）	364万円
元本返済額	970万円
大規模修繕積立金	150万円
税引き後手残り（減価償却費足し戻し後）	▲124万円

増やせば当然ながら返済額も増え、手残り額は減ります。大きな借入れを伴う不動産事業が計画通りにいかず、空室の増加や賃料下落などに対応できなければ、結果として「負」動産になりかねません。

無作為に選んだ収益物件で、借入金比率と事業収支の関係を検証してみます。

都内の好立地にある築20年の賃貸マンションです。物件価格は4億円、年間家賃収入は2000万円、表面利回りは5%です。

図表5-1は、自己資金1億円、借入金3億円で購入した場合の収支です。

減価償却費や固定資産税、運営諸経費等を引いた税引き前利益は910万円。

図表5-2 自己資金2億円・借入率50%で購入した場合

借入比率：50%　返済期間：30年　金利：1%

家賃収入	2000万円
減価償却費	450万円
固定資産税	90万円
管理費	250万円
支払利息	170万円
保険その他経費	50万円
税引き前利益	990万円
所得税・住民税（40%）	396万円
元本返済額	660万円
大規模修繕積立金	150万円
税引き後手残り（減価償却費足し戻し後）	234万円

ここから税金（所得税・住民税の実効税率40%として試算）と元本返済額、大規模修繕積立金を差し引くと、税引き後の手残り額はマイナス124万円。この時点ですでに赤字です。

築20年の物件ですから、今後、空室の増加、賃料の下落に備えて修繕費の確保も必要です。相続した人にとっては最初から「負」動産でしかありません。また、不動産事業として健全な収支でなければ、最悪の場合、税務署から「相続税対策で購入した」と判断され、相続税申告後に相続税評価額が否認される恐れもあります。

図表5-2は、先ほどと同じ物件を、自

己資金2億円、借入金2億円で購入した場合の試算です。借入金を1億円下げたことで元本返済額が310万円下がり、税引き後手残り額は234万円の黒字になります。

このように自己資金を増やせば事業収支は改善され、賃料の下落などに耐えられる可能性が高まります。もちろん、これだけでは判断できません。実際には空室損失や賃料下落リスク、金利の上昇、修繕履歴の調査も織り込んだ10年後、20年後の事業収支や出口（売却想定額）も試算して検討します。

私たちが「この収益物件を購入すべきか」という助言を求められた場合には、物件そのものの価値だけではなく、資産全体のバランスや相続税の納税、資産の分割が可能かどうかを検証した上で総合的に判断します。不動産仲介会社は売るまでが仕事ですが、私たちにとっては購入後の運用、最終的には売却や建て替えの計画も見据えた「全体最適」な相続対策を提供することが仕事です。同じ収益物件でも、おのずとその見方が違ってきます。

賃料、建物プラン、間取りの精査が不可欠

不動産仲介会社の情報では「満室稼働中」となっていても、賃料設定や建物プラン、間取

りを精査すると思わぬ落とし穴が潜んでいることがあります。

例えば、都心の鉄筋コンクリート造5階建てで、戸数がワンルーム2戸と1LDK7戸のマンションで考えてみましょう。物件価格は約5億円、年間賃料収入1980万円、表面利回り4％。現在「満室稼働中」となっていても、確認するべきポイントはいくつもあります。

収益物件の選定では、「借り手にとって魅力的な物件か」をチェックすることも重要なポイントです。変則的で家具の配置がしにくい間取りではないか、バルコニーが狭いけれど浴室乾燥機は設置されているか、高価格帯の賃料であれば低層であってもエレベーターが設置されているかなどを確認すべきでしょう。

賃料設定にも注意が必要です。例えば、月額賃料や管理費が周辺相場と比較して高く設定されているにもかかわらず満室稼働しているようであれば、礼金がなく2カ月間のフリーレント（無料貸し）が付いているなど、必ず理由があります。

この物件は相談があった時点で検討が進んでおり、具体的な融資の目途もついていましたが、割高な賃料設定や変形した使いにくい間取り、エレベーターがないといった難点がありました。ほかにもさまざまな角度の分析や調査を行った結果、こちらの物件の購入は見送ってもらうことになりました。

ここで紹介したのはあくまで一例です。収益物件を購入する際には、このほかにも次のような点の確認が必要です。

収益物件を購入する際の5つのチェックポイント

①収益性（賃貸競争力、家賃設定、テナント内容）
②キャッシュフロー（資金計画、空室許容度）
③資産価値（立地、土地の積算価格、建物グレード、遵法性、修繕履歴）
④事業の安定性（テナント数、維持コスト、長期事業計画）
⑤目的、出口戦略（買い替え、財産分与、換金性）

不動産に精通されている方は、「不動産を買うときには売るときのことを考える。建てるときには壊すときのことを考える」といいます。

投資商品として企画された新築・築浅の賃貸マンションは、特に入念なチェックが必要です。不動産仲介会社の情報だけで判断せず、購入後もさまざまな事後対応への手当てができる、収益不動産の運用に精通した専門家に相談されることをお勧めします。

CHECK POINT

◎収益物件の購入による所得増加は有効な相続税対策の1つ

◎収益物件の判断は「表面利回り」だけでは不十分

◎借り手にとって魅力的な物件であるかどうかも重要なポイント

◎建物を資産管理会社で購入することも検討する

◎購入後の収支や想定売却額を把握した上で検討する

プロが勧める「〇年間家賃保証するので安心です」

契約期間中「同額の家賃」が保証されるわけではない

「〇年間家賃保証」をセールスポイントの1つとして、建設会社やハウスメーカーは全国各地でアパート建設の受注を急拡大させてきました。いわゆる「サブリース（一括借り上げ）契約」です。サブリース契約とは、アパートなどの賃貸不動産をサブリース会社が一括で借り上げ、入居者に転貸する契約形式です（図表5-3）。

「〇年間家賃保証」とうたっていますが、注意が必要なのが「同額の家賃」が契約期間中を通して保証されない点です。家賃保証の固定期間（多くは10年）を過ぎると、近隣相場に合わせて保証家賃を改定（減額請求）できるという条項が契約書にあります。

図表 5-3　サブリース契約の仕組み

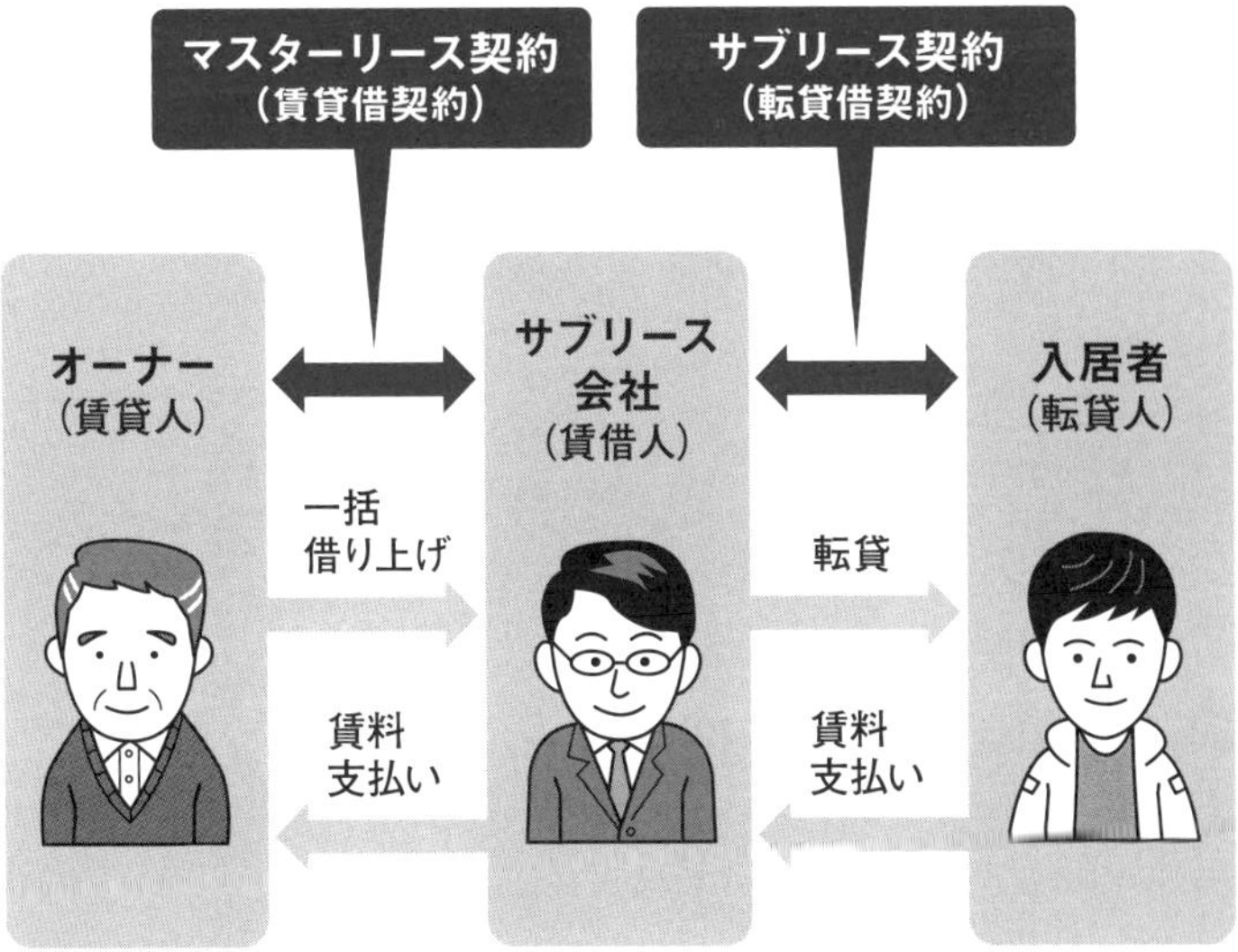

サブリース契約は、法的にはサブリース会社が借り主、土地持ち資産家オーナーが貸し主となり、それぞれの権利義務は借地借家法に従うことになります。同法では、借り主に賃料減額請求、貸し主に賃料増額請求を認めています。

しかし、「借り主（この場合はサブリース会社）から賃料減額請求はできない」という特約を付けることは認めていません。その一方で、「貸し主（この場合はオーナー）から賃料増額請求はできない」という特約を付けることは認めています。

借地借家法が弱者である借り主を保護する目的でつくられたためですが、弱者とは言い難いサブリース会社に有利に働いてしまいます。

サブリース会社から契約解除ができる条項も

サブリース契約では、ほかにもオーナーが不利になる条件があります。

オーナーが減額改定に応じない場合、サブリース会社は事前通告（3～6カ月程度）をすれば、契約を解除できる条項を入れた契約が多いのです。その一方、オーナーからの契約解除には多額の違約金が発生するという条項が入っているケースもあります。借地借家法も、貸し主であるオーナーからの契約解除は「正当事由」がない限り認めていません。

こうした契約内容について、サブリース会社から十分な説明を受けずに不利な契約を結んでしまい、オーナーが損害を被る事態が多発している実情があります。多くのオーナーは契約の解除を恐れて渋々減額改定に応じているのが実情です。

2025年には、サブリース問題があちこちで噴出するのではないかといわれています。その点については過去にも、当社の著書『After2020年 不動産オーナー&都市農家が負動産にしない不動産 相続対策』（日経BP）の中で、「負動産増加に拍車をかけるサブリース２０２５問題」として警鐘を鳴らしました。

２０１５年の相続税改正（実質的な増税）によって、相続対策としてサブリース契約のアパート建設が急増したためです。２０２５年以降は、それらの10年間の固定家賃期間が終了します。減額改定を迫られるオーナーが続出するでしょう。ちょうどその頃から、首都圏でも新規の住宅需要層（20～49歳）人口が大きく減少します。新規需要の減少による空室の増加と、賃料の減額改定による収入減少が重なり、借入れの返済がひっ迫するオーナーが急増する可能性があります。そうなったときには、その物件に競争力があるかどうかでその後の対応も変わってきます。

２０２０年12月「サブリース新法」施行

こうした事態を受けて、２０２０年12月に「サブリース新法（賃貸住宅の管理業務等の適正化に関する法律）」が施行されました。サブリース新法では規制の対象として、サブリース会社だけでなく、建設会社や金融機関、勧誘の委託を受けた専門家などの個人も含めることを明確にして罰則規定を設けたほか、次の点を明文化しています。

①誇大広告等の禁止（第28条）
②不当な勧誘等の禁止（第29条）
③契約締結前における契約内容の説明及び書面交付（第30条）
④契約締結時における書面交付（第31条）
⑤書類の閲覧（第32条）

「〇年間家賃保証」は誇大広告に？

「誇大広告等の禁止」について、国土交通省が公開している「サブリース事業に係る適正な業務のためのガイドライン」（https://www.mlit.go.jp/report/press/content/001368270.pdf）では、次のような具体例を挙げています。

契約期間内に定期的な家賃の見直しや借地借家法に基づきサブリース業者からの減額請求が可能であるにもかかわらず、その旨を表示せず、「〇年家賃保証！」「支払い家賃は契約期間内確実に保証！一切収入が下がりません！」といった表示をして、当該期間家賃収入が保証されているかのよ

うに誤解されるような表示をしている

実際は記載された期間より短い期間毎に家賃の見直しがあり、収支シミュレーション通りの収入を得られるわけではないにも関わらず、その旨や収支シミュレーションの前提となる仮定（稼働率、家賃変動等）を表示せず、○年間の賃貸経営の収支シミュレーションを表示している

サブリース新法の施行によって、「○年間家賃保証」というサブリース会社の売り文句も、「誇大広告等の禁止（第28条）」に抵触する可能性があります。また、サブリース新法ではサブリース契約の締結前に、次の重要事項を書面にした上で口頭でも説明しなければならないとしています。

●オーナーとサブリース業者間の契約の家賃の額、その他の賃貸条件
●契約期間・更新及び解除に関する事項
●サブリース業者が行う賃貸住宅の管理内容・費用

つまり、「メリットだけでなく、デメリットもきちんと説明してから契約をしないと法律違反になりますよ」と釘を刺したわけです。

サブリース新法の施行で悪質なサブリース会社が減り、オーナーもリスクを把握しやすくなりました。新法について詳しく解説した「サブリース事業に係る適正な業務のためのガイドライン」は、国土交通省のホームページで閲覧することができます。転ばぬ先の杖として一読する価値があります。

メリット・デメリットを理解して上手に活用する

誤解してもらいたくないのは、サブリース契約そのものが悪ではないということです。サブリース契約が社会問題化してしまった原因は主に2つあります。

1つ目はサブリース契約のメリットだけ強調し、デメリットを十分に説明していなかったこと。2つ目は建設受注の拡大を目的に、賃貸需要が見込めないような地域にまでアパートを建設させたことです。

サブリース契約自体は賃貸物件の管理形態の1つであり、内容を十分に理解して活用すれば効率的な賃貸経営に役立つものです。

サブリース契約のメリット

●建物の管理と運営を一任できる（貸し主として契約行為も代理してくれる）

●賃料収入が安定する（空室や滞納が出ても賃料が払われる）

サブリース契約のデメリット

●一般的な賃貸借契約と比べると賃料が低い（おおよそマイナス10％）

●賃料減額の交渉時の対応が難しい

●サブリース会社の倒産による債務不履行

現在、多くの会社がサブリース事業を展開していますが、残念ながら一部の運営事業者からはサブリース契約賃料の減額要求が相次いでいます。ある建設会社が施工不良物件の修繕を実施しないまま20～30％という賃料の減額を要求し、合意のないまま一方的に減額後の賃料が支払われたオーナーもいます。中には、更新時に35％近くの賃料減額をされた例もあります。

サブリース会社は、不動産の種類や規模、立地によって得意・不得意があります。サブリース契約を結ぶ際には、複数の会社に声をかけて、契約の内容を比較検討することをお勧めします。

私たちが間に入り、サブリース会社の選定や契約内容の確認・交渉などを行うこともあります。前出の「収益物件を購入する際の5つのチェックポイント」を満たした物件であれば、サブリース会社はぜひとも契約したいと考えますから、競争原理が働き、有利な条件で信頼のおける会社とサブリース契約を結ぶことができます。

CHECK POINT

◎セールスポイントの1つ、「○年間家賃保証」には注意が必要

◎サブリース契約の中にはオーナーにとって不利な条件もある

◎「サブリース新法」の施行で変わるサブリース契約

◎近づくサブリース2025年問題

◎優良な賃貸物件であれば貸し主に有利な契約も可能

プロが勧める「土地を有効活用しましょう」

土地を有効活用する目的を見定める

土地持ち資産家のもとには、さまざまな会社から「土地の有効活用をしましょう。利用しなければもったいないですよ」という提案があるのではないでしょうか。広い自宅や利用していない土地、駐車場などを保有していると、「確かにそうだな」と心が動くかもしれません。建設会社や不動産会社、ハウスメーカーなどは、その土地だけを見て活用案を提案します。しかし、繰り返しお話ししてきたように、資産全体や家族構成を見た上で「いつ、どの土地を、どうするのがベストか」を考え、優先順位を付けて実行することが何よりも大切です。場当たり的な土地活用では、「全体最適」な相続対策は実現できません。

本来土地の有効活用は、不動産としての価値の最大化による収益力アップです。ですが、いつの間にか相続税を減らすことが目的となっているケースも散見されます。

駐車場を活用したために納税資金が不足

具体例を見ていきましょう。土地活用によって納税資金が足りなくなったケースです。杉田さん（仮名、70歳）は妻を亡くし、長男家族と暮らしています。子どもは長男1人なので資産を分割する必要はありませんが、相続税が1億8300万円くらいになりそうです。金融資産は預貯金の1000万円と生命保険の500万円しかありません。納税資金を得るために175坪の駐車場を残していたのですが、顧問税理士から「この駐車場を有効活用してはいかがですか。アパートを建てれば賃貸収入も入るし、相続税も8900万円くらいまで下がります。建設会社も紹介しますよ」という助言がありました。

顧問税理士とは長い付き合いですし、税務のプロだから間違いないと思ったそうです。建築費2億6500万円を全額借り入れ、地元の建設会社が提案したプランでアパートを建築しました。年間の賃料収入は2100万円で、駐車場収入をはるかに上回ります。

万が一の場合は売却すれば、相続税を払っても十分に手残りはあるだろうと思っていました。しかし、この対策は意外な盲点が隠されていました。

収益不動産の売買価格は収益還元法で決まる

杉田さんの誤算は、アパートのような収益不動産の売買価格が、「収益還元法」で算出されることを知らなかったことです。この方法では、年間賃料収入を期待利回りで割り戻して物件価格を算出します。杉田さんのエリアのアパートを購入する場合、投資家が期待する利回りは約7％。年間賃料収入2100万円を7％で割り戻すと3億円になります。

この金額で売却できたとしても、2億6500万円の借入金を返済すると杉田さんの手元には3500万円しか残りません。これでは相続税額が8900万円になっても納税資金が足りません。3500万円に金融資産などを足しても、まだ3900万円足りません。相続が発生したら、納税のためにはほかの土地まで手放すことになりそうです。

もちろん、アパートの賃料収入で借入金を返済していけば、その分、売却した場合の手残りは増えますが、築年数が経てば期待する利回りも上がり、アパートの賃料は下落する傾向

図表 5-4 **相続税対策として駐車場に借入金でアパート建築**

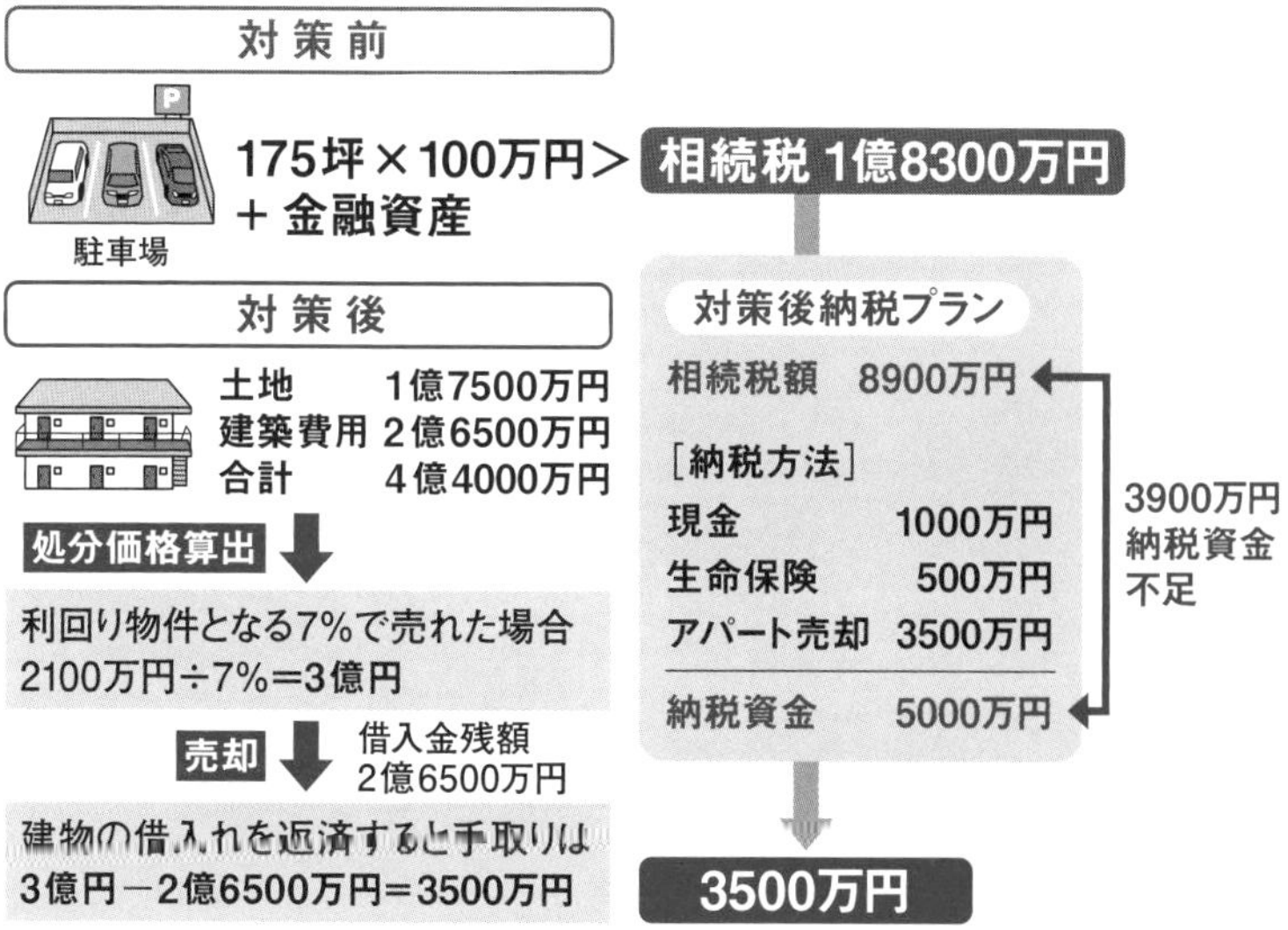

にあります。先ほどの収益還元法の計算式に当てはめればわかるように、売却価格も下がります。

駐車場のまま売却すれば1億7500万円でした。何もしていなければ、相続税の1億8300万円は駐車場の売却代金と金融資産で払えました。時間とお金をかけた土地の有効活用が裏目に出てしまったのです（図表5-4）。

せめて駐車場の3分の1だけ活用し、3分の2を納税用として残していれば、ここまで厳しい事態には追い込まれずに済んだでしょう。

第3章の「青山家の相続」で、保有する不動産を「残す」「備える」「利用する」

「処分・改善する」という4つに分類することを提案しました。杉田さんもすべての不動産を4つに分類した上で、「この駐車場は（納税に）備える資産」と強く自覚していれば、いかに親しい顧問税理士の助言であっても正しい判断ができたのではないでしょうか。

分割できる資産に組み替える

次に紹介する佐山さん（仮名、63歳）も危うく失敗するところでした。自宅の敷地が広かったので、やはり「有効活用しましょう」という提案があったそうです。2人の子どもは離れて暮らしていますが仲がいいので、自宅の敷地に建築可能な上限いっぱいの4階建てアパートを全額借入れで建て、いずれ共有で相続すればいいと思っていました。

土地の有効活用は「立地」と「資金計画」がすべてです。しかし、私たちが分析したところ、自宅のあるエリアは人口の減少も著しく、将来の賃貸需要は下降気味だということがわかりました。また、不動産の共有も「全体最適」な相続対策を目指すなら避けるべきです。

そこで、すべての資産を洗い出し、家族で「5つの視点」と「不動産の4分類」を体験してもらいました（**図表5-5**）。その結果、自宅の敷地を一部売却し、売却代金に自己資金を

図表 5-5 佐山家の不動産4分類

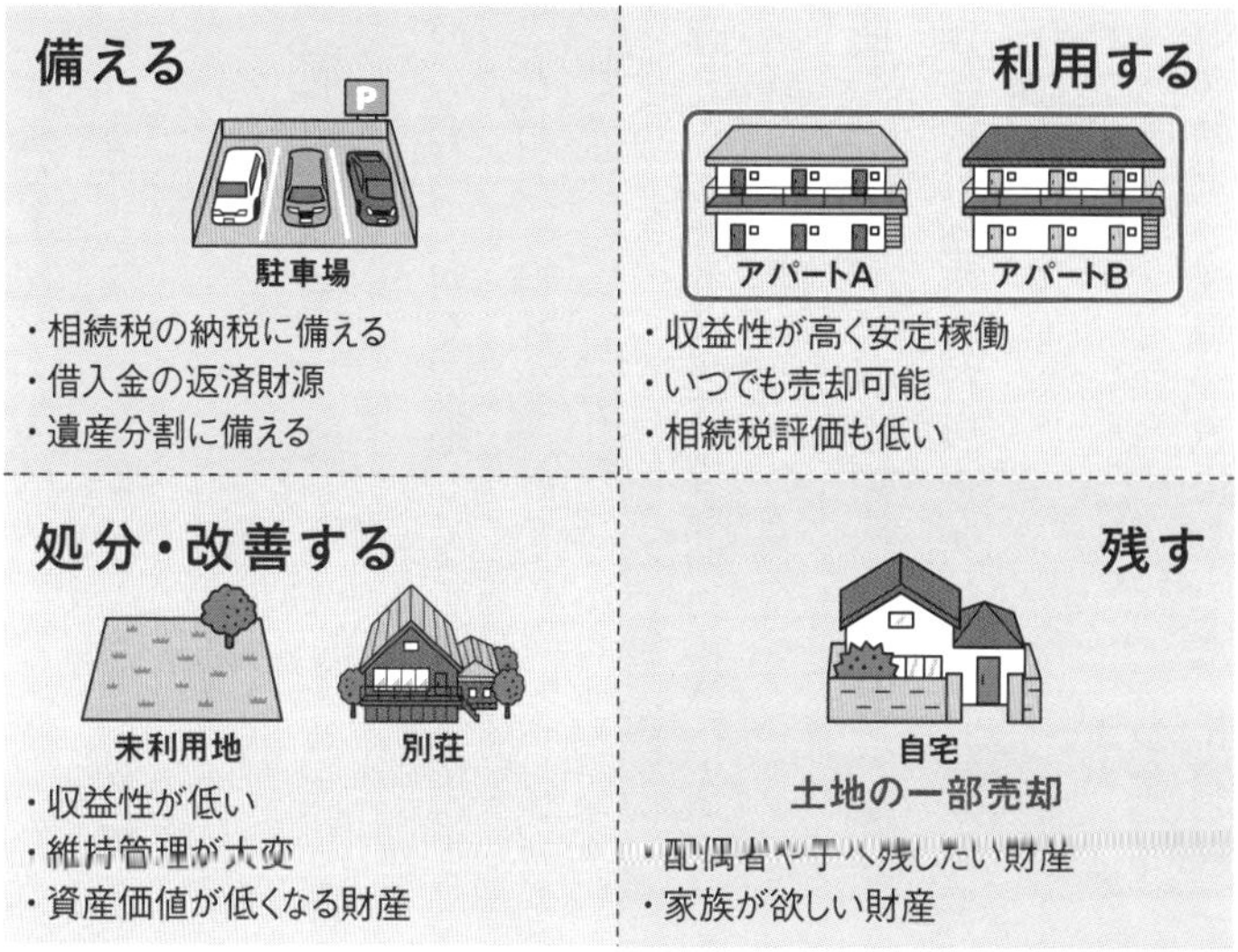

加えて賃貸需要が強い別の地域でアパートを2棟建てることになりました。一部借入れを行いますが、不動産収支は返済後も安定した黒字化が見込めます。相続税は預貯金と有価証券でほぼ賄える見込みが立ちました。

　これで「納税」「分割」と「組み替えによる収益力アップ」が可能になります。

　方針が決まっただけでなく、この相続の相談がきっかけになり、家族が集まる機会も増えたそうです。佐山さんからは「1人で考え込んでいたのが嘘のようだ。気持ちもすっきりして毎日が楽しくなった」という言葉をもらいました。実は2人の子どもも親の財産だけに口出しをすることは遠慮していたものの、遠く離れた実家の敷地にアパートを建てるという当初の計画は、前向きに捉えていなかったと本音を漏らしていました。

「最善の策」は十人十色、多くの選択肢を検討する

土地の有効活用を提案してくる営業担当者のほとんどは、最初から「答え」を持っています。すなわち、自社の商品であり、自社の建築であり、自社が紹介する事業者の施設です。医者でいうと、「手術ありき」です。本来であれば、「検査をしてほかに悪いところがないか確認しましょう」「手術の前に投薬治療を」「様子を見ましょう」などの処置が必要ですが、手術しか手段を持っていません。

先日もロードサイド（幹線道路沿い）で明らかに店舗系の活用に適した土地にもかかわらず、10年前に建築会社の提案でマンションを建ててしまい、借入れの返済で苦労しているという相談もありました。

かつてローリスク・ローリターンだった駐車場やアパートも、ますます進む人口減少や価値観の多様化で競争が激化します。相続対策で「全体最適」を目指すならば、選択肢は多い

ほどいいはずです。建て貸しでも、ファミリー企業が建物を所有したり、保育園などに事業用定期借地として貸したりといったこともできるかもしれません。土地の形状や広さによっては異なる業態のテナントによる複合型施設も検討すべきでしょう。

土地の有効活用は長期にわたる上、途中で修正することが難しいという特徴があります。慎重に入口を見極めないと失敗することになります。

CHECK POINT

- ◎場当たり的な土地活用では「全体最適」な相続対策はできない
- ◎土地活用の目的は相続税を減らすことではなく「収益力アップ」
- ◎「有効活用」したことで相続税の支払いに支障がでることもある
- ◎「何もしない」も相続対策では選択肢の1つ

プロが勧める財産の『代飛ばし』をしましょう」

長く利用されてきた「代飛ばし」とは

「代飛ばし」は「一代飛ばし」「世代飛ばし」ともいわれ、昔から資産家の間で知られる相続税の節税方法です。例えば、祖父が孫と養子縁組し、孫に資産を相続させれば、その分だけ相続が発生する回数を減らすことができます。資産総額や分割割合にもよりますが、トータルで相続税負担が減らせる場合もあるため、税理士や弁護士から節税対策として勧められることもあります。

しかし「節税目的」が先行すると、本質的な相続対策に失敗してしまうことがあります。

孫を養子にする税制面のメリット

孫を養子にすることで、相続税の基礎控除が増えるというメリットがあります。相続税の基礎控除は「3000万円＋（600万円×相続人の数）」。孫を養子にすれば、孫も法定相続人になるため、基礎控除が増えるのです。

生命保険金や退職金などの非課税限度額が増える点もメリットです。これらの非課税限度額は「500万円×法定相続人の数」ですから、孫を養子にすることでこの部分も増えます。超過累進課税率が緩和される可能性もあります。相続税は所得税と同様、一定の金額を超える場合に、超える部分にだけ高い税率を適用する超過累進課税方式です。相続人が増えれば1人当たりの相続分が減るため、税率が下がる可能性があります。

相続が発生する回数を減らすことによる節税効果もあります。養子にした孫に財産を相続させれば、相続税の課税を1回減らすことができます。相続税の最高税率は55%ですから、資産家にとっては大きなメリットです。その代わり、孫養子の相続税額は2割加算（代襲相続した孫は除く）になりますが、資産規模が大きい場合はトータルの相続税負担は少なくなる場合もあります。

ただし、相続税法における養子の数には制限があります。実子がいる場合は1人、実子がいない場合は2人までです。

すでに提案を受けていたり、養子縁組や遺言の作成をしている方もいると思います。将来、相続することになる孫に財産を渡すことは抵抗がなく、相続税も減らせるならいいことばかり。確かにここだけ見れば大変有効な対策に思えますが、相続税の節税目的だけで行うと思わぬ落とし穴があります。実際に困ったことになってしまった方々がいます。

先代の「代飛ばし」があだになり、家族間に亀裂

国枝さん（仮名、70歳）の先代は大きな農家でした。畑を中心に多くの土地を所有しているため相続税も多額になります。

先代は知り合いの弁護士から代飛ばしを勧められ、国枝さんの長男で、先代の孫にあたる悟さん（仮名）を養子にし、国枝さんと悟さんが親子で半分ずつ財産を共有する形で相続しました。以前は長男が家督を相続するのが当たり前でしたから、先代は、孫の悟さんも当然、家を継いでくれるものと思っていました。

しかし、悟さんの結婚で事態は急展開します。悟さん夫婦は実家に入ったものの、国枝さん夫婦とは価値観が大きく異なっていたため、生活を続けるうちに折り合いが悪くなり、結果的に悟さん夫婦は家を出てしまいました。

家業である農業は三男が継ぐと言ってくれましたが、ほとんどの土地が国枝さんと長男の共有になっているため、このままではどうにもなりません。国枝さんから相談があり、土地の交換や共有物分割を組み合わせて最終的には解決することができました。もし、国枝さんの代で解決できないまま長男の悟さんが亡くなったら、国枝家の土地の半分は悟さんの妻が相続することになります。そうなればもう収拾がつかなくなっていたでしょう。

早すぎる後継者決定のデメリット

ここまでこじれてしまった原因は2つあります。

1つ目は「節税目的の代飛ばし」です。

先代は、孫の意思や適性がまだわからない段階で財産を渡してしまいました。家を継ぐ意義も責任も十分に伝わっていなかったのではないかと思います。昔と違い、「長男が代々跡を継ぐ」という時代ではありません。それは家もファミリー企業も同じです。本人の希望もあるでしょうし、適性もあります。結婚すれば配偶者の意思にも左右されます。

後継者の決定が遅すぎるのも問題ですが、早すぎるのもまた問題なのです。

また、前述のように相続税法では、養子にできる数は実子がいる場合は1人、いない場合は2人です。例えば、長男の子を養子にして法定相続人に加えた場合、ほかの兄弟姉妹の相続分が少なくなります。それに加え、孫が5人いた場合、その中の1人だけが養子になって財産を受け取るわけです。納得できる理由がなければ、不公平と感じる人も出るでしょう。

社会全体の権利意識が高まる中、「節税目的の代飛ばし」が家族や一族の間でトラブルに発展する可能性が高くなっています。

2つ目は、国枝さんと悟さんで「土地を共有にしたこと」ですが、何度も説明していますのでここでは割愛します。

戦略的に代飛ばしを使うケースもある

失敗例を挙げましたが、決して代飛ばしが現代では通用しない対策というわけではありません。戦略的に使って成功した例もあります。

1つは、第4章で紹介した「底地の物納」です。

孫を養子にして底地を相続させ、孫が相続税を底地で物納するのです。物納は、「相続人が金銭納付も延納による納付もできない」と税務署が判断した場合のみ認められます。成人して収入のある子世代は無理ですが、孫世代ならばその条件を満たす場合があります。

もう1つは、孫が会社を設立し、その会社で納税資金を貯めていく仕組みをつくっておき、その一環として祖父母から資産の一部を代飛ばしで孫の会社に移すという方法です。

前者は「底地の整理」、後者は「納税資金の準備」という目的の使い方ですので、家族全員にメリットがあり、不公平感は少ないと思います。孫が莫大な財産を継いで暴走するといったこともないでしょう。

代飛ばしも1つの手段にすぎません。使い方次第です。メリットだけでなく、デメリットや生じるかもしれない問題を知った上で、「自分たちの家族が使うとしたら、どう使えば問題を解決できるか、あるいは使わずに別な方法で問題を解決したほうがいいか」を、総合的に判断できる専門家と一緒に検討してください。

CHECK POINT

◎孫を養子にする「代飛ばし」は昔からある相続税の節税方法

◎孫を養子にすることで税制面のメリットが得られる

◎価値観の多様化で「代飛ばし」が親族の間で不公平感につながる

◎早すぎる後継者決定や節税目的の「代飛ばし」はトラブルのもと

プロが勧める「賃料を下げて募集しましょう」

空室対応で不動産管理会社の姿勢と実力がわかる

アパートや賃貸マンションのオーナーがもっともストレスを感じるのは、空室の増加と長期化でしょう。見方を変えれば、空室対策こそ、不動産管理会社の姿勢や実力を見極めるチャンスということになります。

「賃料を下げて募集しましょう」

最初からこんな提案を根拠もなしにする不動産管理会社であれば、変更を検討したほうがいいかもしれません。賃貸市場の動向や周辺相場、競合物件の調査データも示さず、賃料の値下げを提案するような不動産管理会社に任せていたら、この先、事業収支の悪化は避けられないでしょう。

次のような提案も要注意です。

「室内のリフォームをしましょう」

「キッチンや浴室を交換しましょう」

「外壁塗装や大規模修繕をしましょう」

いずれも入居率を高めるには必要な提案ではありますが、どれも実施するにはかなりの費用がかかります。

問題は「費用対効果」です。たとえ賃料を数万円値上げできたとしても、数百万円の費用がかかる上、資産家には高い所得税が課せられます。多くの場合、不動産管理会社の関連会社や取引業者が工事を請け負うため、競争原理が働かず、適正な工事費かどうかも素人にはわかりません。提案するリフォームは本当に費用対効果があるのかといったことも、見極めなければなりません。

その提案で得をするのは誰か？

建設後、同じ不動産管理会社に任せきりというオーナーは少なくありません。相続で3棟のアパートを受け継いだ梶山さん（仮名、66歳）もその1人です。大手ハウスメーカーの標準プランで建てたもので、管理はその子会社に委託しています。築20年を超える頃から空室が増えるようになり、言われるままに賃料を下げてきましたが、稼働率は70％止まりです。

ハウスメーカーの系列会社からは、室内のリフォーム提案もありました。２ＤＫを１ＬＤＫにして水回りを取り替えるリフォームで、１戸当たりのリフォーム費用は２００万円です。退去者が出るたびに実施しましたが、お金をかけたほどの効果は上がらず、費用対効果は赤字が続いています。

これは当然の結果といえます。周辺には同じメーカーのアパートが林立しており、系列のリフォーム会社が勧める「標準プラン」でリフォームした物件が多かったのです。これでは周辺のアパートに対する差別化になるはずがありません。結局のところ、利益を上げているのはリフォーム会社と不動産管理会社だけでした。

そこで梶山さんは提案力のある不動産管理会社に変更し、戦略を練り直しました。

広い間取りを生かして、テレワークにも対応できるよう入居者が無料で使える高速インターネットを導入。大掛かりなリフォームを行わない部屋は、一定の条件付きでペットの飼育を可能としました。新たな管理会社とは、建物管理の内容を精査した上で、定期清掃や半年に一度の特別清掃を以前よりも細かく対応してもらいました。また、空室の入居者募集は複数の仲介会社に依頼して、仲介担当者にはスマートフォンを片手にオンラインでの内覧に対応してもらったことで、満室稼働するようになりました。

ほっと一息ついた梶山さんですが、もっと本質的で重要な問題が残っています。

資産全体を見て今後の方向性を考える

資産家にとってもっとも重要なことは、その物件だけでなく資産全体を見て今後の戦略を立てることです。

すでに紹介しましたが、まずはすべての不動産で、収入から支出を差し引いてどのくらいの資金が手元に残るのかを示す、現在、将来のキャッシュフローを分析。それをもとに「利用する」「残す」「備える」「処分・改善する」の４つに分類します。そして、相続税の納税はできるか、円滑な財産承継のために分割はできるかなどを見た上で、個々の物件の対策や今後の方向性を検討します。

例えば、築25年のアパートならば、次のような４つの方向性と対策が考えられるでしょう。

●競争力を高めて運用する：リフォーム、リノベーションなど
●建て替える：入居者の募集停止、定期借家契約に切り替えて退去を待つ
●そのまま売却：満室稼働にしてから売却
●更地にして売却：入居者の募集停止、定期借家契約に切り替えて退去を待つ

更地にして建て替える場合も、どんな用途なら需要があるのかを検討する必要があります。売却する場合は、売却した代金を何に投資すれば目的を達成できるかを、資産全体を見て考えます。別の収益不動産でしょうか、それとも金融商品でしょうか。

こうした提案は、自社の商品販売を目的とせず、資産家と同じ立場、気持ちになって本当に自分でも行うか考えることのできるコンサルティング会社だからこそ可能です。

ぜひ、皆さんと同じ視点で考え、皆さんの代わりに多種多様な専門家や業者と交渉し、皆さんのために実行してくれる専門家を見つけ出し、「全体最適」になるような相続対策を実現してください。

CHECK POINT

- ◎空室対応でわかる不動産管理会社の姿勢と実力
- ◎安易な賃料の値下げやリフォームは費用対効果が低い
- ◎有効な提案をしてくれる不動産管理会社への変更も選択肢の1つ
- ◎個別の物件ではなく資産全体を俯瞰した対策が不可欠
- ◎活用も売却も不動産価値の最大化を図る
- ◎同じ立場に立って提案・実行・フォローしてくれる専門家が重要

第6章

事例から学ぶ「全体最適」な相続対策の実現

第5章まで、「Afterコロナ時代」に起こる変化や、土地持ち資産家やファミリー企業の経営者が直面するであろう課題、「5つの視点」に基づく相続対策などについて見てきました。

第6章では、当社が相続対策をお手伝いすることで「全体最適」を実現した例をいくつか紹介します。

事例

1/6

「等価交換」と「共有物分割」で4人での共有を解消

相続した資産を兄弟姉妹で共有することは将来の禍根になると、本書でも繰り返してきました。相続した人たちが元気で円満なうちはいいのですが、次の相続が発生したり、誰かが売却を求めたりすると、共有のままではどうにもなりません。資産をすべて売却して分配するのがシンプルな解決策ですが、先祖から長年引き継いできた土地となると、心情的にもそう簡単にすべてを売却することは難しいでしょう。

そうした状況の解決に対しても、青山財産ネットワークスは豊富な経験があります。ここでは、当社のノウハウを活用することで、4人の兄弟姉妹が共有していた土地を分割して単有にすると同時に、共有解消に必要な費用を捻出した事例を紹介しましょう。

売却用の区画を設定するという妙手

相談いただいたのは、東京近郊に土地を所有する60歳前後の4人の兄弟姉妹です。共有状態となっている土地は全部で3カ所で、相続税評価額はそれぞれ約2億5000万円、約1億円、約1億3000万円です。3つとも駐車場として利用していましたが、兄弟姉妹の意思疎通がうまくできず、最近は管理会社に任せきりで収益をほとんど出せていない状態でした。その中には、いわゆる赤道（あかみち）と呼ばれる国有地が割り込んでいました。赤道とは、古くから道路として利用された土地で、公図上で地番が記載されておらず、その後は道路法上の道路となることなく現在に至っている土地です（図表6-1）。

10年近く共有状態が続いていたのですが、4人のうち1人が自分の持ち分を売却して現金化したいと持ちかけてきました。とはいえ、共有状態のまま1人分を売却しても本来の価値からも低いものとなり、トラブルになりかねません。地元の不動産仲介会社に聞いてもよい回答は得られなかったため、複雑な資産管理や相続問題に強いという評判を頼りに当社に相談されたのです。

さっそく4人それぞれの意向を確認したところ、売却したいのか、この先も所有していた

図表 6-1　共有していた不動産の概要

・3つの土地は兄弟姉妹4人で1/4ずつ共有
・土地Aには赤道あり
・1人当たりの相続税評価額：9750万円

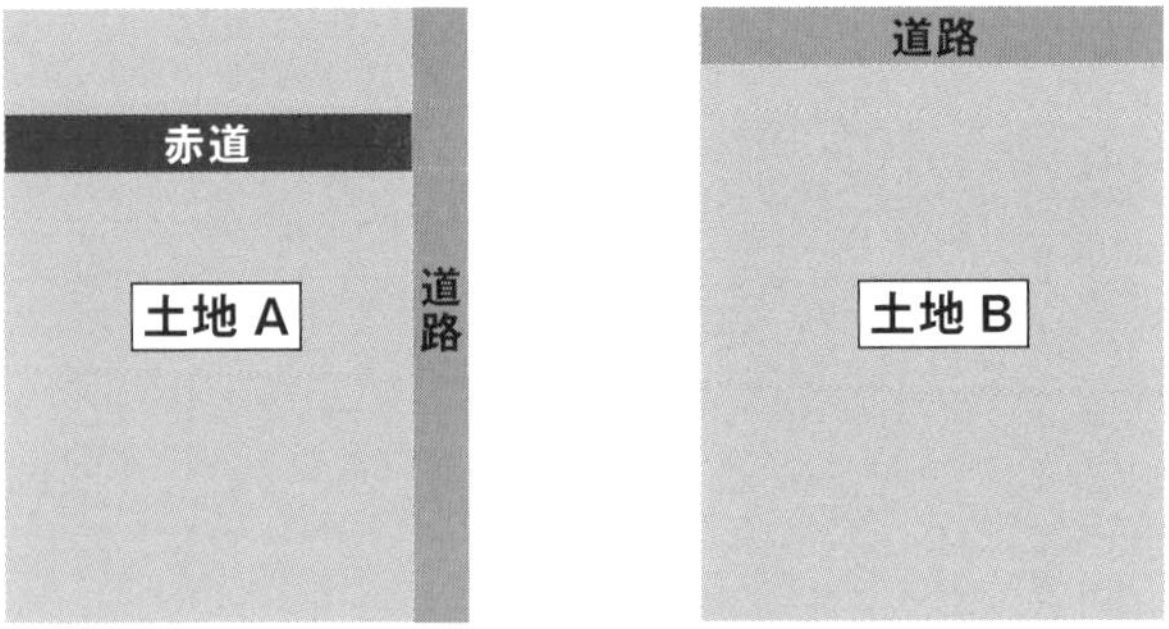

土地A	土地B
・約150坪	・約120坪
・相続税評価額：約2億5000万円	・相続税評価額：約1億円

いのかは異なるものの、「共有を解消したい」という点では一致していました。

そこで、当社から「共有物分割」という手法を用いて、「固定資産の交換」という税法の特例の適用要件を満たす形で共有解消ができる方法を提案しました。提案は３つある土地の２つを分割、１つは売却して清算する案と、３つすべてを分割する案です。

結果からいうと、前者が採用されました。具体的には、相続税評価額と各人が手にする売却後の手残りの合計がほぼ同額になるように土地の立地や形状などを考慮して、共有を解消しつつ不動産価値の最大化を図りました。

実家の近くで思い入れのある土地Aはそれぞれが所有できるように4区画に分割し、残りの2つは入念な検証を行った上で土地Bを同様に4分割することにしました。等価交換後にそれぞれが所有する土地A、土地Bの相続税評価額の合計は、8720〜8770万円とほぼ同額になりました。赤道については、行政への手続きを行って払い下げを受けます（**図表6-2**）。土地Cについてはロードサイドのため、テナント事業者の出店計画付き収益物件として当社のお客様が購入しました。

もちろん、土地はすべて測量を行い、税理士の協力を得て土地の評価額を慎重に算定しています。また、各区画は、将来宅地として活用できるような形態と位置を考えて分割し、最終的に評価額がすべて問題ないことを確認した上で、共有物分割の手続きを行いました。

共有解消には不動産と税務の知識が不可欠

全員の評価額が平等になることは、単に兄弟姉妹を公平に扱うというだけでなく、固定資産の交換という税法上の特例を使うためにも必要です。もしここで誰かの取り分を増やそうとすると、等価交換の原則に反してしまい、贈与税がかかる恐れがあります。とはいえ、まつ

図表 6-2　当社が提案して採用された解決策

・等価交換の手法で共有状態を区画割りして単有状態にする
・土地A、Bは4分割して、土地Cは共有状態のまま売却

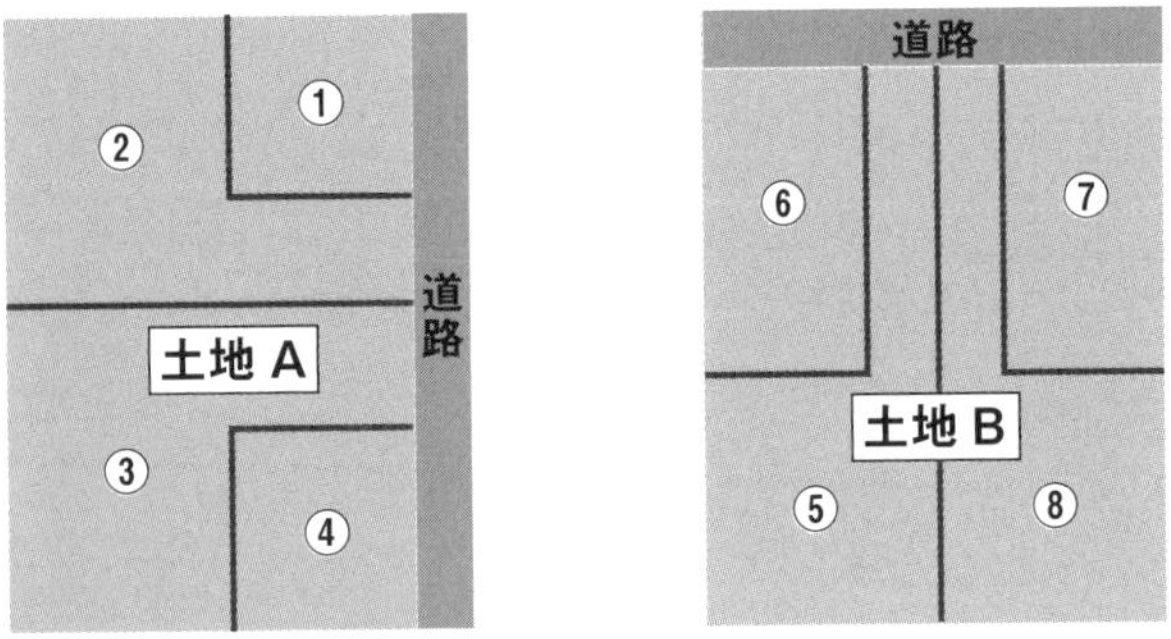

土地Cの売却による収支

・**売却価格：約1億6300万円**
・**提案実行後の手残り：約1億900万円（約2700万円／1人）**

たく同じ評価額にすることは難しいため、土地の評価額を考えるときには、差額が年間１１０万円という贈与税の非課税枠を超えないように留意しました。

土地の共有物分割には決して少なくない金額の費用がかかるため、それをどのように捻出するのかは、共有者の間で意見が揃わない原因にもなります。

このケースでも、登録免許税と不動産取得税などで８００万円、国有地（赤道）の払い下げに７００万円、土地の分筆に必要な測量費で３５０万円など、合計で約１８５０万円の費用がかかっています。その費用の負担感を減らすためにも売却する土地は安易に売却先を決めず、価値

の最大化を図ったわけです。土地Cの売却価格は約1億6300万円。この一連の解消に必要な費用を除いた手残りは合計約1億900万円、1人当たり約2700万円となりました。

土地Cは駅からは徒歩15分と遠いことから、実は持ち分の売却を持ちかけた方が声をかけた建築会社は、相続税評価額（1億3000万円）よりも低い購入金額を提示していました。当社からの提案によってテナントを見つけて出店計画付きの収益物件とすることで、売主側、買主側双方にとって好条件の取引となりました。

図表6-2を見るとシンプルに分割して解決したように見えますが、それを実現するには複雑な計算と慎重な分析が必要なことはいうまでもありません。こうした対応には、不動産売買のテクニックと税務の知識の双方が不可欠です。不動産仲介会社だけでも税理士だけでも解決は難しいでしょう。双方の機能を備え、一気通貫で対応できる当社だからこそ提案でき、解決につなぐことができた例だといえます。

さらにいえば、一般的な不動産仲介会社ならば、土地を一括して売却し、その売却益を4等分してもらえば「共有の問題」は解決しますし、不動産仲介会社にも手数料がより多く入ります。しかし、当社はお客様の意向を最大限尊重します。そして、不動産の価値を見極めて、共有物分割という適切な解決策を用意することで、土地を残したまま共有を解消したいという「心の問題」まで解決することができました。

ちなみに、土地Cの売却価格の手残りは孫への教育資金の贈与や生命保険の非課税枠の活用、金融資産の運用などに利用され、兄弟姉妹の資産の組み替えになりました。

「とりあえず共有」はできるだけ早く解消を

土地の共有がのちのち面倒なことになるということは、資産家の方なら誰でも知っているでしょう。

では、なぜ4人は土地を共有したのでしょうか。本来であれば、相続時に正確な測量をして、そのときに4分割すればよかったはずです。ところが、相続税の申告期限である10カ月というのは、長いようで短いもの。測量にも時間がかかります。相続税額の試算をして分割協議を行っているうちに「申告の期限まであと1カ月もない」という状態になり、税理士から「とりあえず共有にしておきましょう」とうながされ、分割する時間も余裕もなくなり決断してしまったそうです。

こうした「とりあえず共有」から始まった問題の相談は近年急激に増加しています。やむなく共有にした場合には、早めに対策しておくことが大切です。相続の手続きが終わった直後は、大問題が一段落してほっとしていることに加え、相続人が比較的元気な状態ですから、しばらく問題は発生しないでしょう。ところが、ある程度の期間が経過すると、誰かが亡くなって相続が発生したり、資金が必要で売却したいという話が出てきたりします。そこで初めて対応を模索するというケースが圧倒的に多いのです。

もし4人の兄弟姉妹のうちどなたかが認知症になって意思能力が失われていたら、共有物分割は不可能でした。また、どなたかが亡くなって相続が発生したら4等分ではなくなっていた可能性もあり、解消はさらに大変だったでしょう。

兄弟姉妹の共有というのは、自分たちの代はよくても、子どもたち、孫たちの世代に迷惑をかける可能性が高い解決策です。相続での兄弟姉妹間の共有は極力避けること。「とりあえず共有」にせざるを得なくなっても、できるだけ早く対策を行うことを強くお勧めします。

事例 2/6

「底地」の課題を5パターンで整理して大幅に改善

土地所有の形として、そして相続対策として課題が多いのが、いわゆる「底地」です。底地とは、借り主（借地人）の所有する建物が立っている土地のことです。特に借地人を守ることを主な目的とした旧借地借家法で契約している場合、地主としては土地を所有するメリットが少ないことが課題につながっています。

一般に、地代は固定資産税の3倍程度と収益性が低く、底地が適正価格で売却できる相手はほぼ借地人に限られます。借地契約は20〜30年ごとに更新されますが、契約の更新拒絶には「正当事由」が必要とされているため、貸している土地はほぼ返ってきません。また、土地の所有者と借地人との間で、人間関係のトラブルが発生しやすい面もあります。

ここでは、多数の底地を持つご当主の相続にあたり、当社のノウハウを結集することで、その大半を整理すると同時に、相続税の原資にすることに成功した例を紹介します。

資産の大部分が底地で相続税の納税が困難に

当主である武藤さん（仮名）の資産は、ほぼ都下に所有している不動産です。土地評価単位で30件という数多くの土地を所有していましたが、そのうち20件が貸宅地、いわゆる底地でした。そうした底地の借地権更新や建て替え承諾などについて、以前から当社がお手伝いをしていましたが、武藤さん自身は底地にまつわる問題を認識していたため、自分の代でなんとか解消したいという想いがあったようです。

ところが、その武藤さんが問題を解消することなく亡くなり、相続が発生しました。算出された課税資産総額は約19億円、相続税は約3億5600万円でした（図表6-3）。しかし、これほど多額の相続税を払うだけの金融資産はありません。そこで、「底地を少しでも納税に充てられないか」という依頼を、あらためて奥様から受けた次第です。

相続における底地への対応は、第4章でも紹介した通り、主に「借地人への売却」「物納」「底地買い取り業者への売却」「共同売却」「現状の継続」の5パターンです。

図表 6-3　武藤家の底地の現状と相続資産

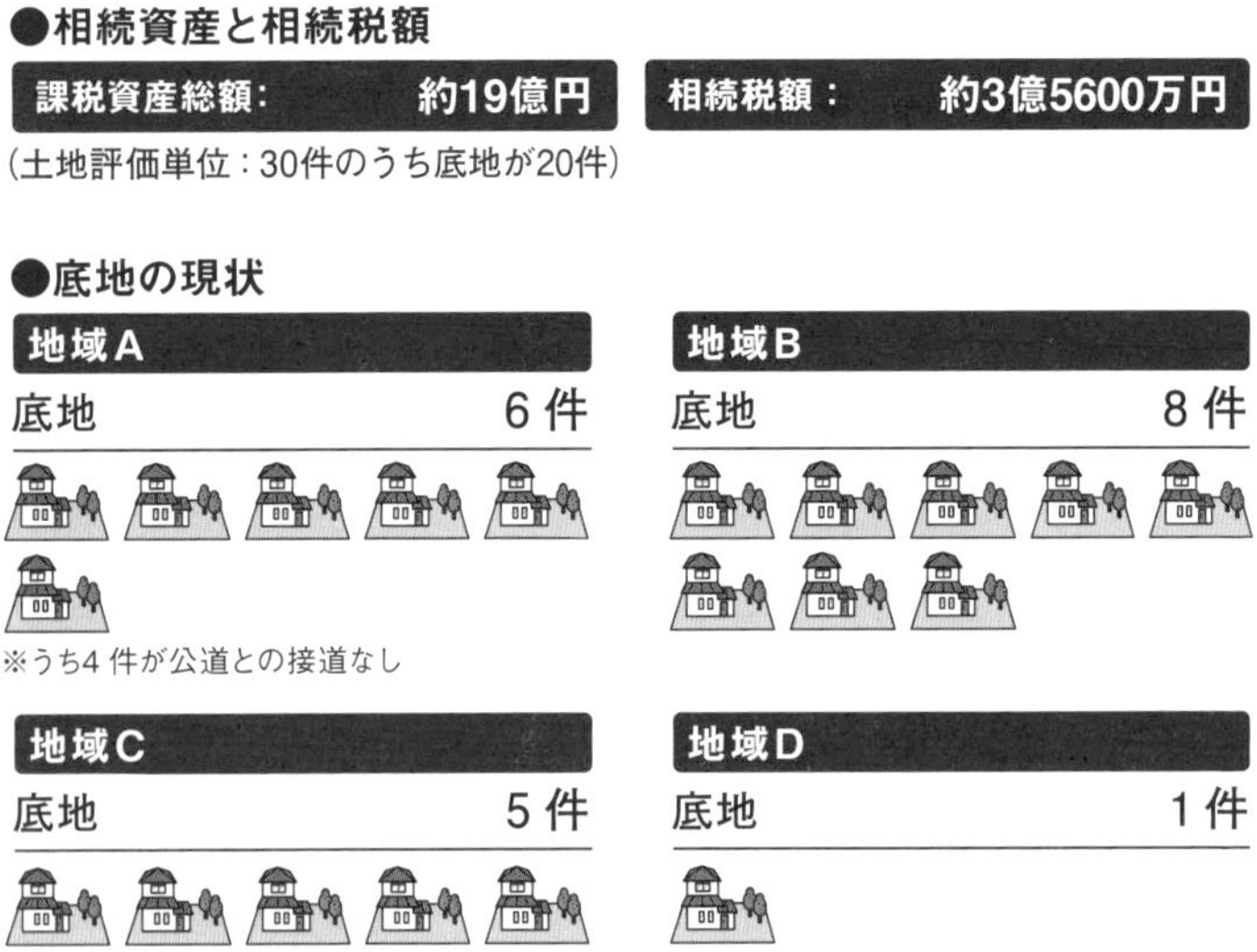

●相続資産と相続税額
課税資産総額：　約19億円
相続税額：　約3億5600万円
（土地評価単位：30件のうち底地が20件）
●底地の現状
地域A
底地　6件
※うち4件が公道との接道なし
地域B
底地　8件
地域C
底地　5件
地域D
底地　1件

今回も、このパターンに沿って順に進めていくことになりました。まず、当社が取り組んだのは借地人への売却交渉です。借地人の方一人ひとりと交渉を行いましたが、結局、借地人が買ってくれたのはわずか1件。売却後の手取り額は、2300万円にとどまりました。これでは、相続税の額にはとうてい届きません。

「代飛ばし」の準備が物納を可能にした

次に検証したのが、現金ではなく不動産や株式などで相続税を納める「物納」です。原則的には、相続税は一括して現金で納めなくてはなりません。ただし、一定の条件を満たしていれば物納が認められます。それは、相続人にすぐに現金化できる資産がなく、定期的な収入がなく延納もできない場合です。かなり厳しい要件ですが、底地にまつわる問題を認識していた武藤さんは生前に対策を講じられていました。

通常であれば法定相続人は奥様と長男、長女の3人ですが、長男には3人の子どもがあり、ゆくゆくは後継者になる方と武藤さんとは生前に養子縁組をしていました。いわゆる「代飛ばし」の準備をしていたのです。相続の回数を減らすことで相続税の負担を減らすことが大きな目的ですが、これは相続税の物納にも役立ちます。

武藤さんが亡くなったとき、お孫さんは高校生でした。金融資産はほとんど持っていませんし、定期的な収入もありません。ですから、相続税を一括で納めることはもちろん、延納もできません。そこで、お孫さんを物納申請者として「金銭納付困難とする理由書」を相続税を申告する税理士が提出し、それが認められたことで物納が可能となりました。もし、相続人が奥様とお子様だけだったら、物納は不可能だったでしょう。国からは「まず現金をあるだけ納付しなさい。足りない分は延納で」ということになったはずです。

物納が可能になっても手続きは終わりではありません。借地人との交渉が必要です。物納にあたっては借地人からの許可は必要ありませんが、新たな土地の所有者であるお孫さんと借地人とが土地の賃貸借契約書を締結し直した上で物納の申請をしなくてはなりません。また、物納申請にあたり、借地人の押印が必要な書類もあります。実質的には借地人に物納の了解が必要になるわけです。土地の境界確定のための測量もしなければなりません。

こちらも借地人の方を一人ひとり訪ね、状況を説明して了承を得ていきました。最終的には多くの借地人の協力を得て、土地の境界に問題がないかどうかを税理士や測量士と確認した上で、合計で8件、2億6500万円分の物納ができました。

底地の物納に関して多くの実績とノウハウを持つ当社ですが、お手伝いした例は多くがこの「代飛ばし」を活用したものです。亡くなってからでは養子縁組はできませんから、将来相続で物納が必要となりそうな場合には、武藤さんのように生前に準備をしておかなければなりません。また、相続が発生した後に実際に物納に向けた準備を進める際にも、多くの交渉や書類作成が必要になります。それでも、税理士や測量士とチームを組んで取り組むことで、諸条件が整えば、物納申請は可能になります。

底地を残すことは問題を先送りにするだけ

底地の中には、物納できなかった土地もありました。私道には面しているものの、認定されている道路に接していないために物納には適さなかったのです。かといって、次の相続までそのままにしても「負」動産になるだけです。そこで、1カ所にまとまっている6件を、一括して底地の買い取り業者に売却することにしました。

この6件分の相続税評価額は7200万円でしたが、複数の業者による入札を経て、4200万円での売却となりました。時価申告という形で「4200万円でしか売れなかった」と申請して承認されました。こうした手続きで相続税額を下げるのも工夫の1つです。

こうして、「借地人への売却」「物納」「底地買い取り業者への売却」という3つの手法を活用することで、20件あった底地のうち15件を整理できました。その売却益によって相続税の約90%にあたる3億1900万円を充当できました。

底地買い取り業者のような第三者に土地が渡ることに対し、借地人の中には不安を持つ人もいますが、当社が入札のために声をかけた業者は、過去に実績がある業者ばかりです。同様の底地売却は何度も行っていますが、クレームが出たことはほとんどありません。

また、こうした売却は、土地の流動性が上がることで借地人にとってもメリットがあります。個人の地主さんが相手では土地の購入交渉に応じてくれなかったり、価格交渉で感情的にもつれたりすることもあるでしょう。その点、専門の業者であれば、借地人による購入、同時売却、等価交換などがしやすくなります。

不動産仲介会社や税理士だけに相談しても、「物納は難しい」といって敬遠されるでしょう。駐車場や更地のような売りやすい土地を売却することになり、底地のような土地ばかりが次の世代に引き継がれることになりかねません。これは問題の先送りです。

相続対策における底地の問題を解消するには、借地人、税理士、測量士、底地買い取り業者などを相手にした細やかな交渉が不可欠です。税務署や財務局への対応も必要になります。そうした難関をクリアできる会社は、当社以外にはあまりないと自負しています。武藤さんの例では、当社のコンサルタントが3人がかりで対応しましたが、ご家族にはそれだけの価値をもたらすことができたと感じています。

column 4

延命措置が続く生産緑地
～「2022年問題」は回避されたが～

「生産緑地」の多くは、1992年に30年間の期限付きで指定されたもので、農業用途に限定される代わりに、相続税や固定資産税などの税制面で優遇を受けてきました。この指定期間が2022年に切れるため、土地の大量放出による地価暴落が懸念されていました。しかし、この「生産緑地の2022年問題」は回避されそうです。すでに8割程度の農家が10年単位の延長を可能とする「特定生産緑地指定」を申請し、生産緑地の継続を選択しています。

しかし、これはあくまでも延命措置。多くの都市農家が抱える相続問題や後継者問題、低収入などが解決されたわけではありません。逆に見れば、この10年間こそ将来に向けて抜本的な対策を考え、実行するチャンスです。農業を続ける意思がある後継者がいるならば、確実に承継できるようにする遺言書の作成は必須です。さらに「利用する土地」「残す土地」「処分・改善する土地」に分類した上で、「納税」「分割」「収益向上」を実現できるような「全体最適」な相続対策を目指しましょう。

「Afterコロナ時代」は「何もしないこと」のリスクが高まります。

「成功のカギ」は的確な現状分析と柔軟な提案力

お客様の資産管理や相続対策を進めていく場合、すべてがスムーズに進むわけではありません。ときには「まさか」という想定外の事態が発生し、短期間で重大な決断を迫られる場面があります。そんなケースに対処するには、資産内容や家族関係などをはじめとする的確な現状分析が欠かせません。

当社は、これまで培った長年のコンサルティングの経験をもとに、さまざまな角度から現状分析をした上で、どんな状況にも対処できる柔軟な提案力を持っています。

ゴルフ練習場の転廃業に向けた現状分析

ゴルフ練習場を経営している60代後半の高梨さん（仮名）からの相談でした。ゴルフ練習場は高梨家の主要な収入源なのですが、近年は利用者数や売り上げの減少が続いています。さらに、施設の老朽化が進んでいるため、修理や更新で莫大な費用が発生する可能性も高くなってきました。地域で長く愛されてきたので本望ではないものの、ゴルフ練習場はたたんで、別の土地活用ができないかという内容でした。

約1500坪の土地に立つゴルフ練習場は、高梨さんのお父様が開業したもので、30年ほど前に亡くなった際、その土地を高梨さんと妹様で半分ずつ分割。ゴルフ練習場の経営は高梨さんが行い、妹様とは借地契約を結んで地代を払っていました。現在の契約期間は2025年までとなっています（**図表6-4**）。

高梨さんの資産は、ゴルフ練習場のほかには自宅やアパートなどで、相続税評価額での資産は2億円以上あるものの、債務が6000万円にのぼり、現預金が数百万円しかないことも問題でした。アパートの稼働率は8割ほどですが、資産の大半を占める本業のゴルフ練習場の先行きが何よりも心配の種です。相続税の支払いについてはアパートを売却すればなん

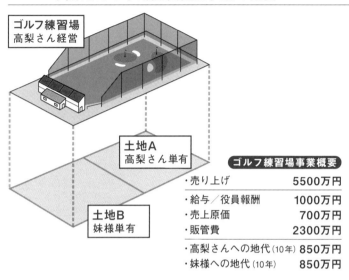

図表 6-4　高梨さんの不動産資産と事業の概要

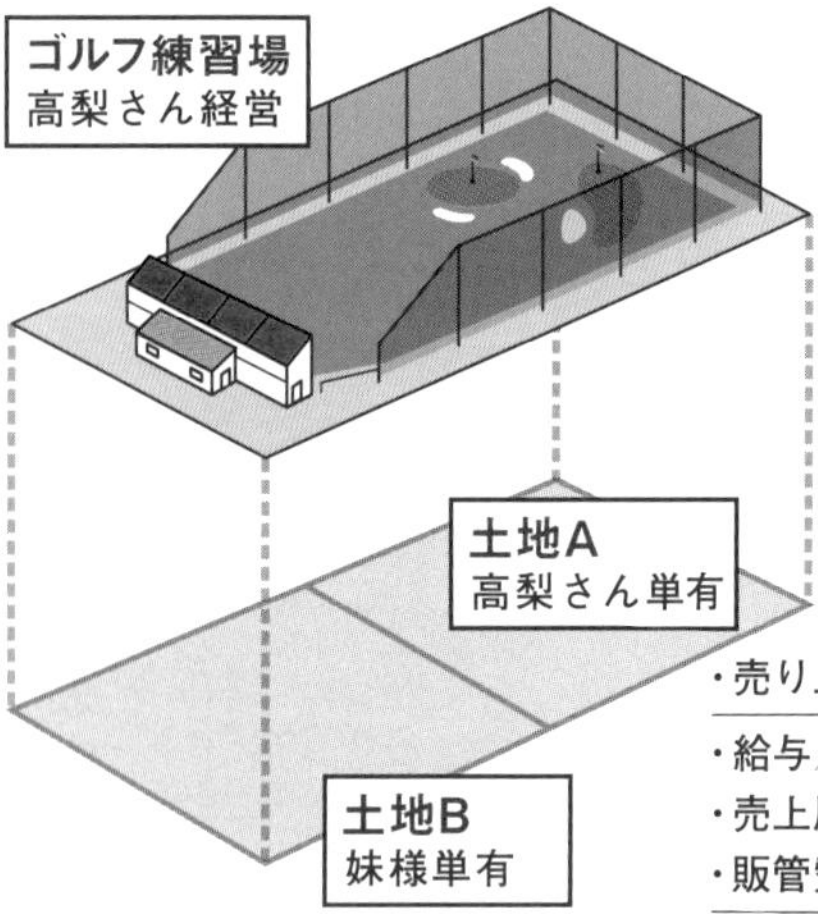

ゴルフ練習場事業概要

・売り上げ	5500万円
・給与／役員報酬	1000万円
・売上原価	700万円
・販管費	2300万円
・高梨さんへの地代（10年）	850万円
・妹様への地代（10年）	850万円

とかなりそうですが、重要なのは収入源です。家族は、奥様と3人の子どもたちですが、どなたもゴルフ練習場の事業を承継する意思はありません。

以上のような現状から、当社ではゴルフ場の転廃業を前提として、半年以上をかけてこれまでと同様の収入が確保できるプランを比較検討しました。ロードサイド店舗、医療モール、有料老人ホーム、認可保育園、戸建て賃貸住宅など、8つの有効活用法を比較した結果、最善と考えたのは補助金も活用した総合社会福祉施設の建設です。

施設には、ドラッグストア、クリニック、サービス付き高齢者向け住宅が入居することを想定しています。高梨さんから同意をいただき、出店テナントのリストも揃ったところで、残り半分の土地を所有する妹様と面談しました。

「まさか」の事態にも柔軟に対応

ところが、妹様は高梨さんからの提案にあまり乗り気でないように感じられました。何度か面談の機会を設けたものの、しばらくして、「次の借地契約を更新するつもりはない。契約が切れたら売ろうと思っています」という断りの返事をいただきました。

これは寝耳に水でした。原因は、「妹も同意すると思う」という高梨さんの思い込みでした。兄妹の仲はひどく悪いわけではないものの、思い返せば相続のときは円満な遺産分割協議とはいえず、それ以来、兄妹の間に距離ができてしまったそうです。専業主婦である妹様と、親の事業を継いだ自営業の高梨さんとは、生活習慣も考え方も違います。意思の疎通が欠けたまま、ずっと土地を貸してくれるものと高梨さんは思い込んでいたのです。

決定的に仲が悪い、あるいは非常に仲がよいという関係ならわかりやすいのですが、このように対立もせず親密でもないという距離感の場合、こうした「まさか」が起きることがあります。過去に何らかの出来事があると、その根底にあるしこりはなかなか消えず、こうしたタイミングで表に出ることになるのです。

「まさか」の事態が起きてしまいましたが、当社は次善の策として、高梨さんの土地約750坪だけを使った土地活用を検討することにしました。当初の提案と同様に、8つの活用法を提案すると、高梨さんはその中から何店舗かが入居する小規模なショッピングモールを選択しました。

ある程度の借入金は必要ですが、かなりの賃料が入ることでキャッシュフローが改善され、子どもたちにも次の事業資金を残すことができます。収益性が高まったことで納税資金の確保も目途がつきました。アパート経営も今後の賃料推移や空室リスク、見込まれる修繕費などを検証し、継続して保有するか、売却して一部を金融資産運用に回すか判断し、「全体最適」なリスク分散を行うかを検討します。

当初の提案からの変更は余儀なくされましたが、結果的にさまざまな条件に対応できる当社の引き出しの多さを証明することができました。ゴルフ練習場の解体業者やショッピングモールの管理会社についても入札で決定することで、高梨さんにかかる費用を減らすことができたのもポイントです。

契約に際しては民事信託を締結しています。土地活用の検証からプランの決定、ゴルフ練習場の解体、ショッピングモールの完成までは多くの時間や打ち合わせを要します。高梨さんが認知症を発症するという「まさか」の場合に備えて、奥様や長男が本件にかかる契約行為を行えるように保険をかけたわけです。また、高梨さんはまだ60代ですが、相続時のトラブルを防ぐために遺言書の作成を提案し、了解していただきました。

土地の「実質的な共有」もトラブルのもとになる

ゴルフ練習場は、あと1年で開業60周年を迎えるところでした。高梨さんも、もう少し続けたいという気持ちはあったようですが、「ジリ貧になり、満足なサービスが提供できなくなる前にやめる決断をしてよかった。いろいろな関係者に迷惑をかける形での倒産や廃業が避けられた」とおっしゃっていました。

練習場の閉鎖に対しては、多くの会員の方から惜しむ声や感謝の言葉が寄せられたそうです。地域に根ざして長年事業を続けてきた想いが、お客様にも伝わっていたのでしょう。地域に広い土地を持つ高梨さんは、地元の名士でもあります。新しくショッピングモールができることで、近隣に住む方々にとっては利便性が高まるはずです。大きな社会貢献として高く評価されることでしょう。

1つ心残りなのは、兄妹の考え方の違いを埋めることができなかったことです。高梨さんのお父様は子どもたちに財産を残してくれましたが、残念ながら家族が結束するような方向性は残しませんでした。その結果、高梨さんと妹様は顔を合わせることがほとんどない状況になってしまいました。

高梨さんの例に限らず、具体的なコミュニケーションが欠けたまま、「あの人ならこうしてくれるはず」といった思い込みを持つのは禁物です。

また、高梨さん兄妹に土地の共有はありませんでしたが、2人の土地の上にまたがるようにゴルフ練習場があったわけですから、2人の意見が合わないと土地活用ができません。実質的な共有といえる状態でした。こうした中途半端な「実質的共有」はトラブルのもとです。実兄弟姉妹といえども価値観はさまざまです。親から事業を承継する場合は運命共同体となって事業を進めるのか、全く別の道を進むのかの二者択一とすべきでしょう。

高梨さんの例では、「まさか」の事態になりましたが、幸いなことに実質的共有が解消され、事業のキャッシュフローも改善できました。それができたのも、現状分析を怠らず、早め早めに準備をしておいたからだといえるでしょう。もし、借地契約が切れる2025年になって、いきなり妹様から更新をしないと言われたら大変なことになっていました。妹様の持ち分を含めた広い土地での活用はできませんでしたが、それでも先を見て準備を進めたことで、最悪の状況は避けることができたわけです。

補助金を活用した高齢者施設の建設

財産管理や相続においては、的確な現状分析に加えて、事前の周到な準備もまた重要です。当社と二人三脚で進めた現状分析と事前準備が功を奏した、こんな事例もあります。

相談があったのは、都内の地主農家で農協の役員もしている60代の間宮さん（仮名）で、収益物件として複数のアパートと駐車場を所有しています。3億～4億円と試算される相続税は、駐車場の売却でなんとか納税できそうですが、アパートの空室が増えていることから、ほかに将来的に安定した事業はないかということで、相談を受けました。

家族構成は、90代のお母様が健在で、当主である長男の間宮さんのほかに独身の妹様がいます。また、間宮さん夫婦の間には3人の子どもがいて、計7人が同居をしています。

当社では、まず土地の現地調査をして有効活用の可能性を検証しました。広い道に面しているため、駐車場の部分に高層マンションは建てられますが、周辺のマンション需要を考えるとリスクが高く、借入金が心配でした。そのほかに検討したのは、コインパーキング、バイクコンテナ、認可保育園、サービス付き高齢者向け住宅などですが、いずれも収益性や事業継続性で難ありという結論に達しました。

そんなタイミングで地元の自治体から発表されたのが、新しく高齢者施設を建設する事業者の募集です。これは、自治体の介護保険事業計画に基づいて定期的に公募がかけられるもので、公募に応募した事業者（施主とテナントである介護事業者、建設会社）を対象に審査と公開入札が行われます。間宮さんの土地活用として、この高齢者施設が適当ではないかと考え、当社で検討することになりました。

自治体の公募による高齢者施設を建設するメリットは、補助金が付く可能性があるため、自己資金が少なくても事業化が可能な点です。補助金の額は、年度や各自治体ごとに異なりますが、間宮さんの場合、約2億6000万円の初期投資に対して想定される補助金は約1億1000万円でした。中でも、24時間365日介護の入居施設であるグループホームが、ほかの介護施設と比べてバランスがよいと判断しました。事業収支のシミュレーションでは、年間家賃収入約２０００万円、投資利回り13・６％で、10年後には約１億７００万円、35年後には約５億９０００万円が見込めるという結果でした。

問題は、公募が発表されてから応募締め切りまで約１カ月しかないことです。発表されてから間宮さんに決断してもらい、きちんとした介護事業者や建設会社と協力してプランを進めるといった対応では、とても間に合いません。ですが、当社ではすでに介護施設について検討していましたので、その中で自治体からの高齢者施設の募集がある可能性も考慮に入れて準備をしていました。

最終的に、小規模多機能施設と認知症高齢者グループホームを組み合わせた３階建ての施設を提案することになりました。１階はデイサービスやショートステイの施設、訪問介護の事務所などに使用して、２〜３階は９室ずつのグループホームにするというプランです。工夫したのは、１階の間取りを２〜３階とほぼ同じにしたことで、事業の不安定さが気がかりなデイサービスや訪問介護事務所、ショートステイが廃止されたときに、すぐにグループホームに転用できるようにした点です。

自治体の募集に対して４件の応募がありましたが、自治体での厳しい審査の結果、間宮さんの提案が採用されました。

信用できる事業者を見つけてくることが重要

公的な補助金が出るだけあって、公募での審査はかなり厳しいものです。募集をかける自治体とすれば、地主がきちんと建ててくれるかどうかは最重要のポイントです。古アパートなどの上物があればそれをすぐに撤去でき、土地が道に接していることも必要です。テナントである介護事業者が、安定して経営してくれることも大切です。提出する書類の数は膨大になり、審査は銀行から融資を受ける以上に厳しいものです。

逆に、オーナーとなる間宮さんの立場で考えると、そうした厳しい審査に通ることは、その介護事業者も自分の事業も大丈夫だという安心感につながります。コンサルタントとしては、経営の安定した介護事業者や介護施設などの実績が多い建設会社を探してくるのも腕の見せどころです。今回は、4つの介護事業者を対象に入札を行い、客観的なデータをもとに間宮さんとともに最終的に選定しました。建設会社についても、当社が選定した5社、新聞広告から応募があった2社の計7社から公開入札で選定しています。

また、介護業者とは建物賃貸借契約を結びますが、当社のようなコンサルタントが入らずに、建設会社が中心になって契約書をまとめようとすると、どうしてもテナント側に有利な内容になりがちです。その点、当社では法務室が中心となって、地主さんの不利にならないように内容を精査します。

今回、間宮さんから最初に相談を受けてから契約締結までに2年かかりましたが、実はそれ以前から間宮さんとはお付き合いがありました。ですから、間宮さんの資産についての現状分析はもちろん、希望の方向性は把握していました。だからこそ、自治体による急な公募にも対応できました。長いお付き合いのもとで、お客様の気持ちに沿って対策を提案する当社だからこそ、実現した案件だと考えています。

農協の役員である間宮さんにとって、単に土地を有効活用したというだけでなく、こうした福祉系の事業に、地域の代表として積極的に関わることは、地域貢献という面からも大きな意味があったと思います。

施設を建設する際に1階の間取りに工夫をした点ですが、開業からしばらく経ってこれが的中しました。現在は、1階も含めて全館がグループホームとなっています。「まさか」に備え、グループホームの運営業者は1階の運営が厳しくなっても業態転換できる資本力を持ったところを選定していました。単純な事業化だけではなく、事業の継続性までも考えた上での提案が大事だということを痛感しています。

事例 4/6

「収用」という難題を逆手にとって相続問題を解決

人生には思いもよらないことが、しばしば起きるものです。また、限られた時間内に結論を出そうと、闇雲に行動したり、勘に基づいて判断したりすると失敗しかねません。

それは、資産を守る場合も同じです。「彼（敵）を知り己を知れば百戦殆《あやう》からず」という言葉があります。普段から、現状分析して自らの資産の状況を把握できていれば、想定外の事態にもあわてることなく乗り切ることができます。その点、当社は、長年の経験と実績をもとに、お客様の資産の正確な現状分析や将来予測に強みを持っています。

ここでは、道路用地の収用という局面において、資産を毀損することなく、むしろ相続の危機から資産を守る機会にした事例を紹介します。

収用の土地代金・補償金に関して考慮すべきポイント

以前から、資産管理や相続対策のご相談をいただいていた山科さん（仮名）は、東京都23区内の西部に広い土地を所有する男性です。都道沿いに月極駐車場、アパート1棟、底地2件、その裏には自宅ともう1棟のアパートを所有していました。

このうち都道に面した月極駐車場、アパート1棟と底地が、道路拡幅事業の敷地にかかることになっていました。山科さんは80代ながら元気な当主でしたが、奥様を亡くされてからは、やや落ち込み気味。50代の長男とともに、相続について心配をしていました。そんなときに収用事業の話が具体的になってきたのです。

道路用地の収用というと一方的に不動産を取り上げられるイメージがあるかもしれませんが、実際には事業者と地主や賃借人などの関係者が話し合い、折り合った条件に従って補償金（土地については売買代金ですが、ここでは補償金とします）を受け取ることになります。補償金の受取りにあたっては、留意すべきポイントがいくつかあります。

1つは、譲渡所得にかかる税金の扱いです。補償金を受け取ることで多額の譲渡益が発生する場合もありますが、そこに所得税が課せられるとせっかく公共事業に協力しているのに手残りが大きく減ってしまいます。そこで、不動産の収用によって譲渡益が発生する場合は、譲渡益から最大５０００万円を控除できる特別控除の制度があります。あるいは、一定の条件のもとに代替となる不動産を購入した場合には、新たに取得した不動産を売却するまで所得税の支払いを繰り延べる特例もあり、どちらか一方を選択できます。

ただし、５０００万円の特別控除は収用の条件提示から6カ月以内に契約する必要があり、一方の代替特例は代替不動産の購入が条件になるため、どちらを選択するかは事前に検証しておかなければなりません。

さらに山科さんの場合は高齢であったことから、収用だけでなく相続についても考慮すべきポイントがありました。相続が発生する時期によっては、相続税額に大きな変化が生じるためです。

収用が決まると土地代と補償金が支払われ、この時点で不動産が数億円という現金に変わります。万が一、現金を持っている状況で土地のオーナーが亡くなって相続が発生すると、大きな相続税の負担がかかる恐れがあります。山科さんの場合、当社の現状分析によって、まさに想定外の相続税がかかることが予想されていました。

対策の違いによる資産構成・収支の違い

山科さん自身は、地域の人たちの生活が安全で便利になるのであればと、収用自体には前向きでした。心配なのはそれが山科さんの資産や相続対策にどのような影響を与えるかです。

山科さんの財産の現状と将来予測について、当社が以前から現状分析を任されていました。収用前の相続税の課税資産総額は約6億円で、相続税を試算すると1億9700万円。これは、資産家である山科さんでも、簡単には支払えない金額です。奥様が亡くなる前に試算した相続税は約1億5600万円でしたが、奥様が先に亡くなられたことで配偶者の税額軽減の適用がなくなり、税額が約4000万円も上昇していたのです。

さて、それが収用によってどのように変化するのでしょうか。各物件の収支などを整理した当社の現状分析によると、収用対象となる不動産の相続税評価額は約2億5000万円でしたが、収用による補償金の合計は約3億8000万円となることがわかりました（図表6-5）。

収用によってそれまで不動産であった財産の一部が多額の現金に姿を変えることで、課税資産総額は7億3000万円に増加します。受け取った補償金を、現預金などの金融資産の

図表6-5 土地収用前後の資産の変化

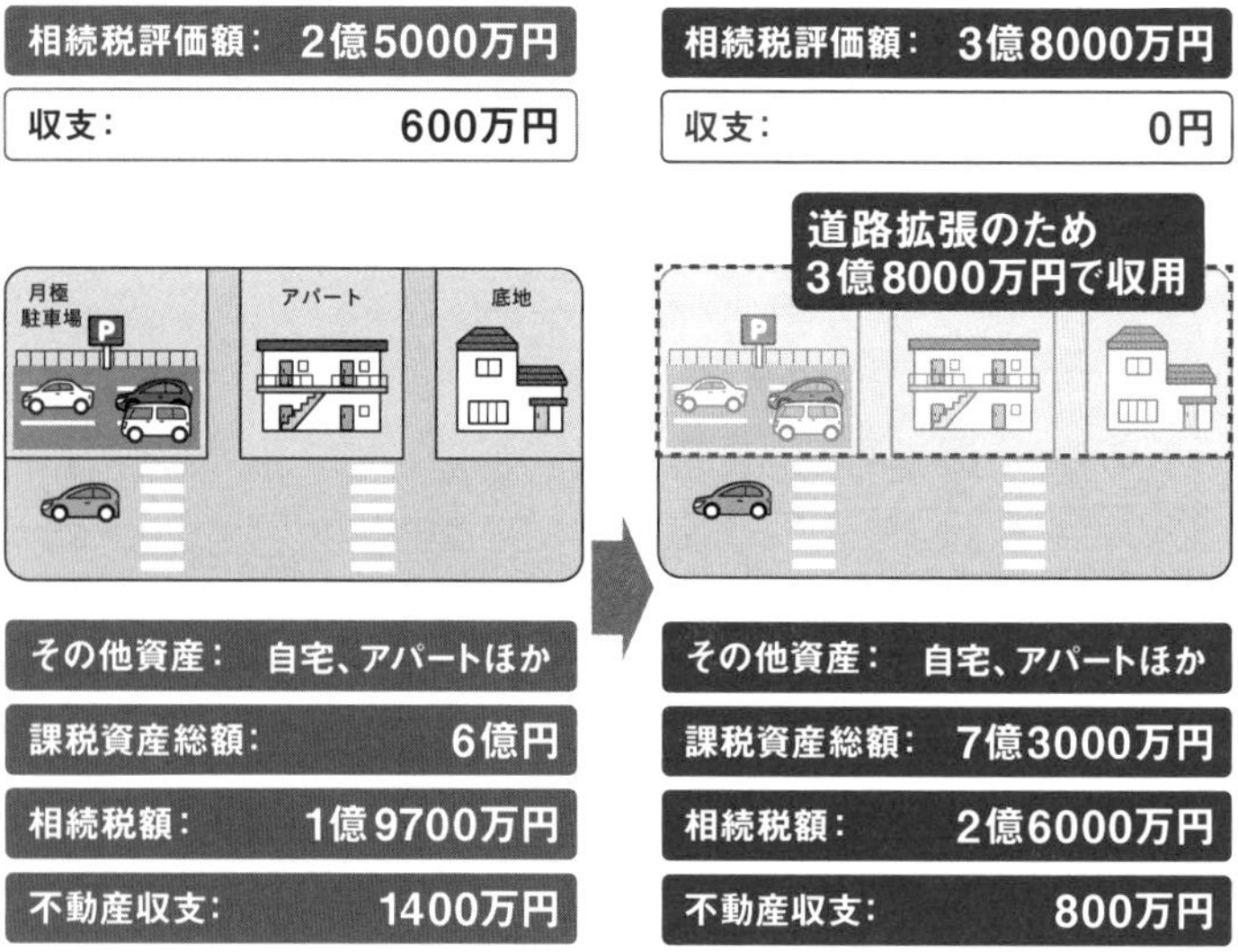

まま保有している状態で相続が発生すると、相続税額は２億６０００万円にも達します。

ここで対策の検討に入りました。収益物件である月極駐車場とアパートの土地が収用されるため、消滅する収入をどう確保するかも重要な課題です。

まず、収用による収入が３億８０００万円にものぼることから、５０００万円の特別控除を適用したとしても、依然として多額の所得税がかかるため、代替特例を選択するほうが有利と考えられました。

その段階で、かねてより実施していた分析が生きてきました。山科さんの場合、

図表 6-6 採用された当社提案の解決策

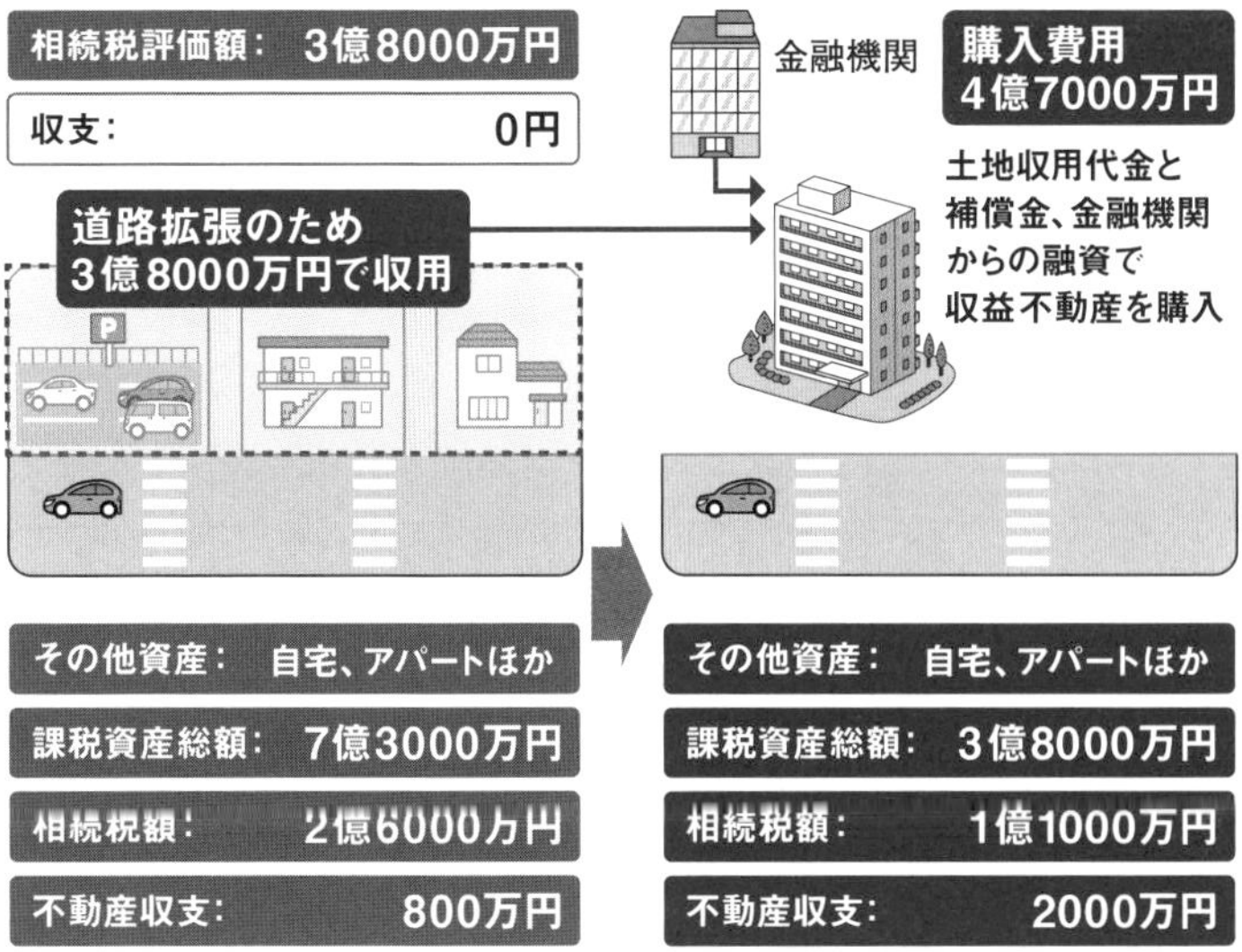

郊外の狭いエリアに集中している不動産の一部をより将来性のある財産に組み替えることが、リスク分散の面でも収益の面でも有利であることがわかっていましたが、山科さんは先祖代々守ってきた土地の売却を決断できずにいました。そこで、今回の収用をチャンスととらえ、補償金を使った収益物件の取得を改めて提案しました。それでも、奥様を亡くされて気力が低下気味だった山科さんは大がかりな対策となる資産の組み替えには積極的ではなく、現金のまま持ち続けて相続税を支払えばいいという考えでした。また、長男は海外での資産運用に将来性を感じて興味を示していました。

そこで、これらのプランを比較検討できるシミュレーションを用意しました。補償金を不動産に組み替えた場合、不動産収支は代替取得した収益物件からの収支が加わって年間800万円から2000万円に増加しました。収益性で比較すると、2・3％（収支1400万円・課税資産総額6億円）から5・2％（収支2000万円・課税資産総額3億8000万円）と2倍以上になりました。また、相続税は約1億1000万円となりました。一方、山科さんのケースでは、海外での資産運用では、相続税の納税が難しくなることがわかりました。このシミュレーション結果を見て、山科家の皆さんは当社の提案に納得してくれました（図表6-6）。

数十件にのぼる物件見学会などを経て、最終的に都心の一等地に立地するビルを代替取得することに決定。リスク分散と収益確保の両面において、よい結果になったと考えています。相続税額を無事に納付することができるだけでなく、キャッシュフローが改善するという夢のような結果になりましたが、これには収益不動産の相続税評価額の算出方法も関係しています。

仮に1億円で収益物件を購入するとどうなるでしょう。一般的に土地は路線価、建物は固定資産税評価額をもとに計算されます。建物価格を30％、土地価格を70％とした場合、建物

図表6-7 土地・建物の相続税評価額の仕組み

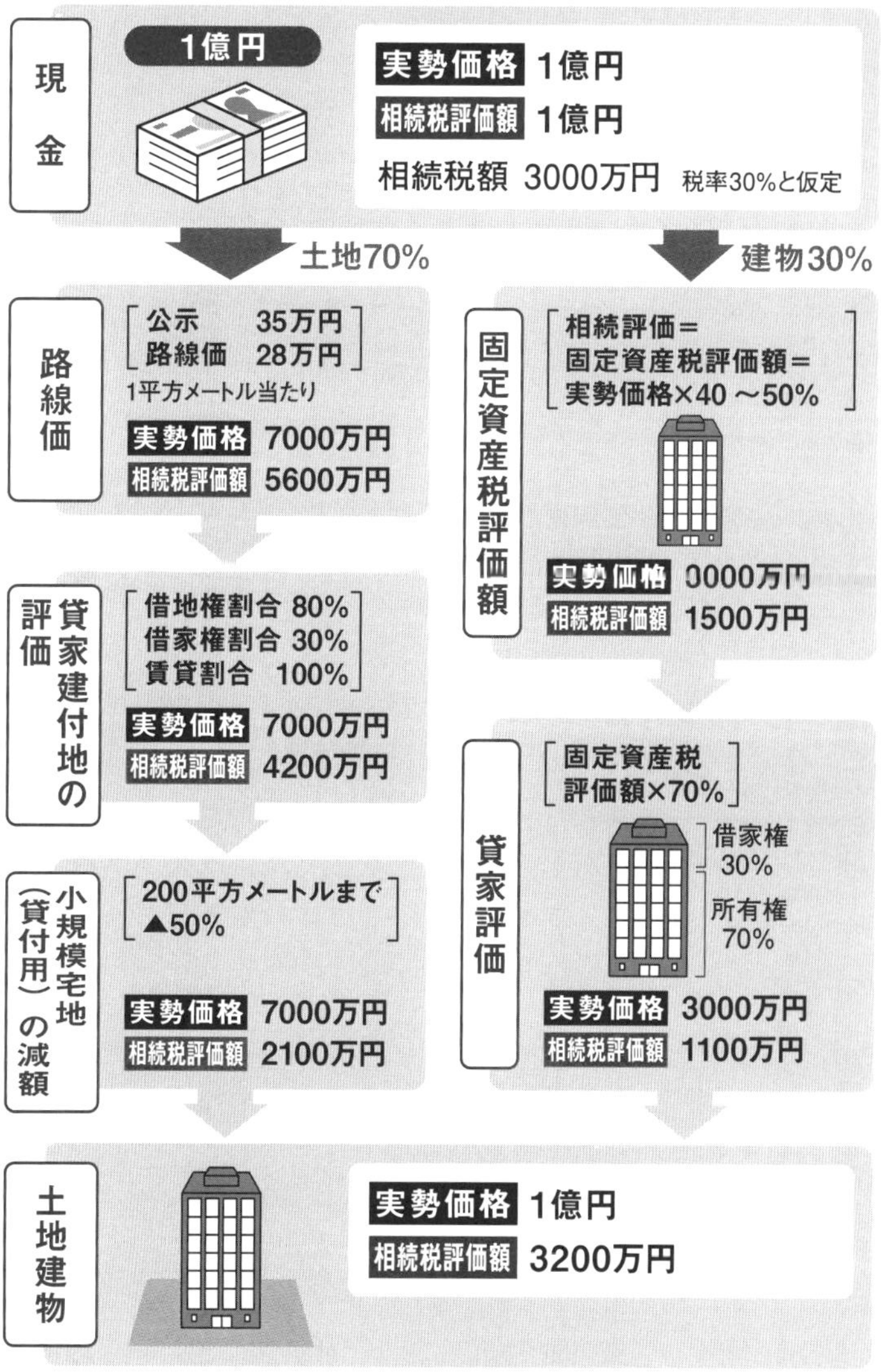
現金
1億円
実勢価格 1億円
相続税評価額 1億円
相続税額 3000万円 税率30%と仮定
土地70%
建物30%
路線価
公示 35万円
路線価 28万円
1平方メートル当たり
実勢価格 7000万円
相続税評価額 5600万円
貸家建付地の評価
借地権割合 80%
借家権割合 30%
賃貸割合 100%
実勢価格 7000万円
相続税評価額 4200万円
小規模宅地(貸付用)の減額
200平方メートルまで
▲50%
実勢価格 7000万円
相続税評価額 2100万円
固定資産税評価額
相続評価＝
固定資産税評価額＝
実勢価格×40～50%
実勢価格 0000万円
相続税評価額 1500万円
貸家評価
固定資産税
評価額×70%
借家権
30%
所有権
70%
実勢価格 3000万円
相続税評価額 1100万円
土地建物
実勢価格 1億円
相続税評価額 3200万円

の価格は3000万円ですが、相続税評価額は1500万円程度になります。建物を賃貸していればさらに借家権として30％減額され、建物の相続税評価額は約1100万円になるのです。

一方、土地の相続税路線価は公示地価の80％なので、7000万円の土地の相続税評価額は5600万円になります。そこに、賃貸物件が立つ貸家建付地とした評価、小規模宅地（貸付用）の減額が適用されると、約2100万円になります。結果として、1億円の収益不動産が、相続税評価額3200万円に変化するというわけです（図表6-7）。

山科さんの例では、補償金を受け取ってから代替不動産を購入するまでの間に山科さんに万が一のことがあると、相続税が2億6000万円になります。そんな事態も考慮し、収用で補償金を受け取ったらすぐに不動産に組み替える、もしくは先行して不動産を購入しておき、金融機関からつなぎ融資を受けながら補償金が入ってきたら返済するなど、緻密な実施計画を立てて進めました。

山科さんは大きな資産を持っていることに加えて高齢だったため、資産の組み替えを提案しましたが、家族構成や財産構成によってはほかの選択肢も考えられます。長男が興味を示された海外資産への投資など、別の財産構成を組むことも考えてよいでしょう。

的確な現状分析が成功の秘訣

収用が絡む相続対策では、当社のようなコンサルティング会社以外では、税理士が補償金に対する5000万円の特別控除や代替特例について紹介することが一般的なようです。それに対して、当社では山科さんのように実際に物件を動かしながら相続税の確保まで行い、収益物件取得後の収支改善も検討するという実行の段階までお手伝いします。

土地の収用、不動産の購入、そして場合によっては建築が同時並行して進むこともあり、こうしたすべてのサポートをまとめて提供できるのが当社の強みです。山科さんの例では、ご本人が高齢だったため心のケアにも気を配りました。

成功の大きなポイントは、収用の話が出る以前から、当社が山科さんの資産や不動産収支、相続が発生した場合の相続税の負担などの現状分析をしていた点です。もし、現状分析がされていない状態で収用が実行されて、さらに相続が発生していたらどうなっていたでしょう。納税のために自宅やアパートなどそのほかの資産を手放す必要に迫られていたかもしれません。しかも、それを相続税納付期限までの10カ月という短い期間で行わなければなりません。最適な解を見つけるのは困難だったのではないでしょうか。

収用に限らず、相続対策では自分たちではどうしようもない部分で決断を迫られる場面が、いつやってくるかわかりません。それ自体を防ぐことはできなくても、事前に想定して準備しておけば対処はできます。山科さんのように現状分析をしておくことで、たまたま起きた収用という事態を好機として、「全体最適」となる相続対策をすることも可能です。

資産家にとっては周囲から尊敬される相続も大切

山科さんがいち早く相続対策も兼ねて収用に同意したことで、思わぬ効果もありました。世間で、「あの地主が首をタテに振らないから街並みが整わないまま」「あそこの地主がウンと言わないから道が狭くて不便」といった噂話を耳にしたことはないでしょうか。山科さんの場合、周囲がまだ収用に後ろ向きだった段階で同意したため、山科さんが所有していた土地だけは早くから更地になっていました。

当社では山科さんの近所の方からも話を聞いたことがあるのですが、地域の名士である山科さんが収用に対してどう対応するのか、収用の話が聞こえるようになった頃から、皆さん気にかけていたそうです。そして、山科さんが同意したことで道路拡張に向けた動きが活発になりました。道路が広がった今では、安全な行き来ができるようになり、「あの道路拡張のおかげで住みやすくなった」というのが地域の方の感想です。

土地持ち資産家は、地域の方から注目される存在です。もちろん、資産を承継していくには、相続税の納付も大切です。しかし、それと同時に、その土地の名士らしく地域の将来まで見据えた資産活用を行うことも大切なのだと、山科さんの例を見て感じました。

その後も山科さんのご家族とは、しばしばお会いするのですが、絵に描いたような成功例となったことで、本当に喜んでいただいています。さらには、「うちのいとこの土地も収用にかかるから、そちらも手伝ってやってくれ」とご紹介いただき、ご縁が広がりました。そちらでも、収用と資産の組み替えを一緒に進めることができ、さらに多くの方からお褒めの言葉をいただいています。

「株式分散」を解消する解決策を提供

土地の共有がトラブルにつながることは本書で繰り返しお伝えしてきましたが、それは株式についても同様です。ファミリー企業の株を、兄弟姉妹や親族で分散して所有することがそれに当たります。株式を分散所有することは、企業を「共有」することと同様だからです。

株式を公開している大企業なら別ですが、未公開のファミリー企業の場合、実際に会社を経営している人に株式を集中させるべきだと当社は考えています。株式が分散していればしているほど、経営に直接携わっていない人が議決権を行使して経営に関与する可能性が高まります。さらに相続が発生して分散が進むと、株主の多くが親族ではあるものの、冠婚葬祭くらいでしか顔を見たことがない、ということにもなりかねません。そうして経営の意思決定に時間がかかるようになれば、「機動的な会社経営」というファミリー企業の強みが失われてしまいます。

親族間の株式分散に関するご相談は意外に多く、当社ではさまざまな解決策を用意して分散解消のお手伝いをしています。

株式の分散が子どもから孫へと進んでいく

60代後半の中嶋さん（仮名）は、東京都心に親から引き継いだ4階建てのビルを所有する事業会社で、小規模な不動産賃貸業を営んでいます。家族は旦那様と子どもが2人。中嶋さんにはお兄様の吉原さん（仮名）がいて、こちらも奥様と子ども2人の4人家族です。

問題は、お父様の相続があったときに、この事業会社の株式を中嶋家へ55％、吉原家へ45％分配したことでした。現在では、それぞれの株が配偶者や子どもにも分散しています。それぞれの子どもにも家族がいるため、このままではさらに分散が進み、ますます解消が困難になります。ぜひとも自分の代で解消したいというのが、中嶋さんの希望でした。

当社としては、まずは株価を試算して、分散を解消する方法の検討を始めました。中嶋さんが吉原家所有の株を買い取ることができれば話は簡単なのですが、相続税評価額で2億円以上になるため簡単ではありません。しかも、お兄様は気が強い方で、よほどのメリットがなければ自分には売らないだろうということでした。

中嶋さんにとって重要なのは会社の議決権を確保することですから、自分の持ち株以外「無議決権株式」にしたり、株主ごとに異なる取り扱いを設定する「属人的株式」にしたりする方法もありますが、根本的な解消のために株式の売買で解決する方法を探ることにしました。

株の買い取り主体としては、社長の中嶋さん、中嶋さんの長女、現在の不動産会社、新規に設立する持株会社、第三者の5つが候補に挙がりました。それぞれのパターンについて、売主にかかる税金、資金調達の必要性、買い取り価格などを比較検討し、特に売主である吉原家の手取り額を重視した結果、第三者に売却することを基本に据えました。

不動産を株式として売却する不動産M&Aの手法

実は、中嶋さんのビルは都心の一等地にあるため、とある企業から売却を打診されていました。その話に乗って不動産を売却するとどうなっていたでしょうか。不動産を第三者に売却すると売却代金が入ってきますが、そのビルは戦後すぐに取得したもので簿価が低いのです。これを売却した場合、売却価格から簿価を引いた金額に約30％の法人税がかかります。さらにそれを両家に現金で渡そうとすると、配当所得となって総合課税の扱いになるため、最大で55％の税金がかかります（所得税の最高税率45％と住民税10％の合計）。

二重に税金がかかることで、たとえ不動産が15億円で売れたとしても、両家の手取り額を合計しても約5億円にしかなりません（図表6-8）。

それに対して、当社が提案したのは「不動産M&A」という手法でした。M&Aとは企業の合併・買収のことで、一般的なM&Aは買収したい企業の事業を自社に統合するのが目的です。そこに不動産が含まれることはありますが、それが狙いではありません。対して不動産M&Aは、不動産の取得を目的に対象の企業をそっくり買収するものです。売却する側の中嶋さんの立場でいえば、不動産として売却するのではなく、株式で売却するわけです。

株式として売却する大きなメリットは、売却代金に対して約20％の譲渡税が1回かかるだけで済むという点にあります。これで手取り額を試算すると、15億円で売却できた場合には、両家はそれぞれ約5億円以上を手にできます。不動産として売却した場合と比べて、2倍以上の金額になるのです。

当社によるこの具体的な説明に、お兄様は驚いた様子でした。分散している株式の解消自体にはお兄様も異存はなかったようなのですが、手取り額に不満があったようです。お父様が苦労して築き上げた資産だというのに、15億円で売却しても両家合わせて約5億円しか手元に残らないのは納得できないというのが本心だったのでしょう。当社の「株式で売却する」手法は喜んでいただけて、話はスムーズに進んでいきました。

当社は、現物不動産の売却もできれば、不動産を法人のまま売ることもできるのが強みの1つです。これは、相続対策をしている部署と事業承継をしている部署の両方があり、どちらも検討、選択ができるためです。

売却にあたっては、20社ほどで入札を行いました。買主としては不動産として買ったほうが圧倒的に得です。法人のまま買うということは、簿価の低い法人を買うことになるので、自分たちが現物に組み替えようとすると簿価と現物の差額に対して法人税が発生するのです。それを承知で中嶋さんのビルの価値を認めてくれる会社がありました。こうして、中嶋家、吉原家には当初の想定の倍以上の金額が入ることになりました。

図表6-8 不動産の売却方法による手取り額の違い

●不動産として売却した場合

不動産売却による利益を個人で享受しようとした場合、二重に税金がかかる

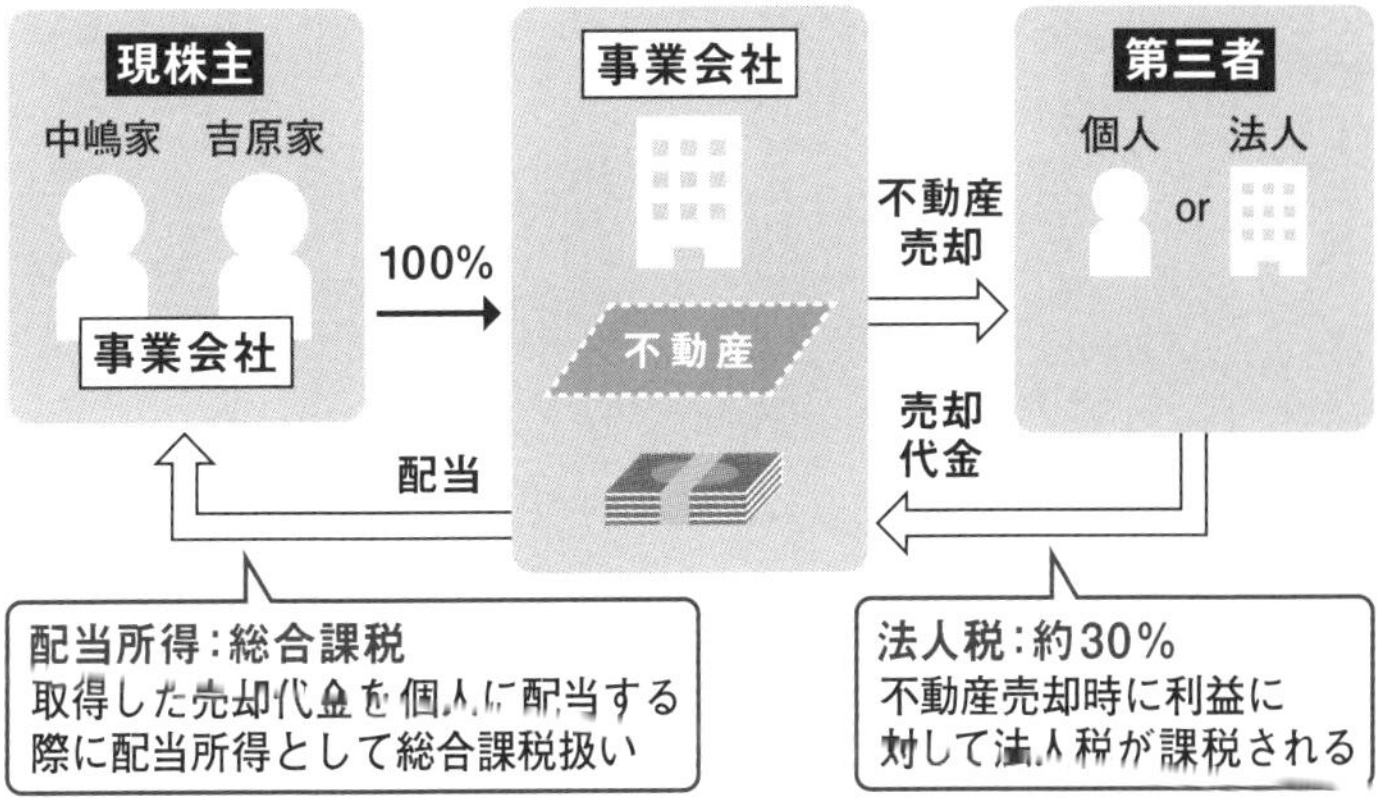

●株式として売却した場合

株式の譲渡として譲渡税（約20%）がかかる

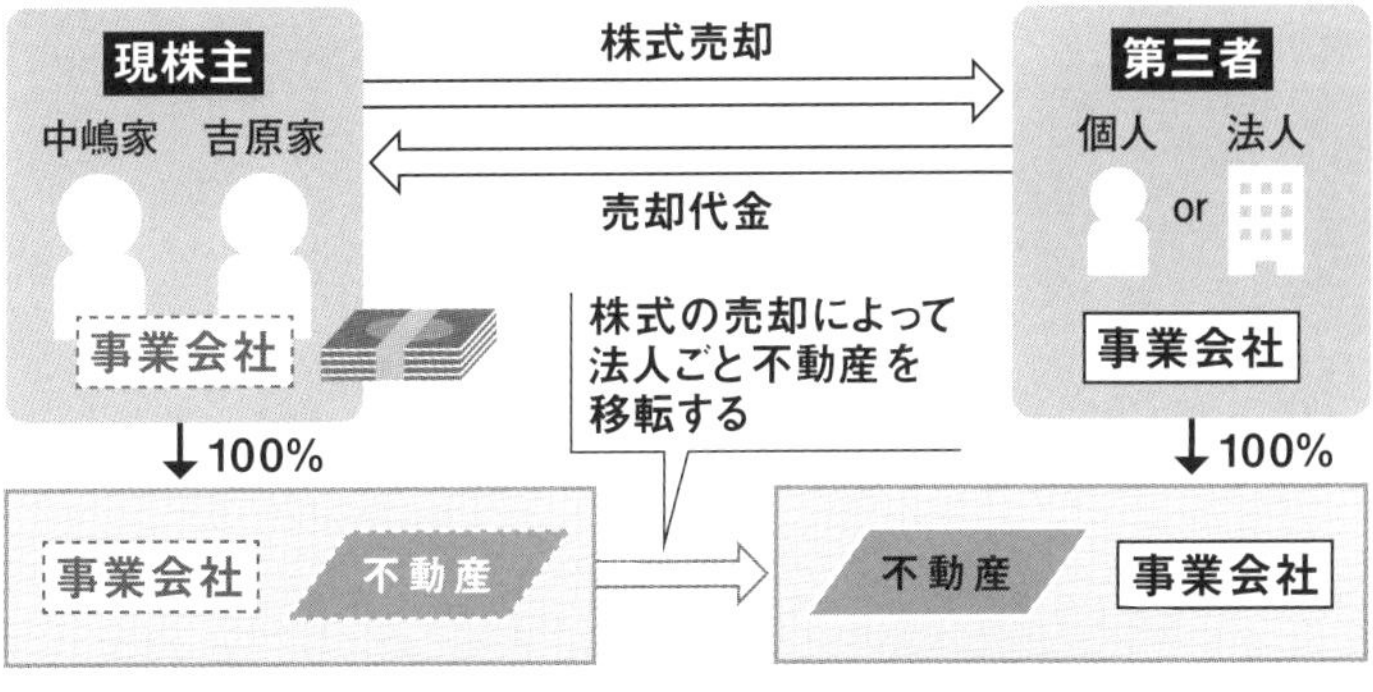

●それぞれの方法で売却した場合の手取り額の比較

	不動産で売却後の手取り額①	株式で売却後の手取り額②	差額（②－①）
中嶋家合計	2億7700万円	6億2700万円	3億5000万円
吉原家合計	2億2700万円	5億1300万円	2億8600万円
総合計	5億400万円	11億4000万円	6億3600万円

「悪い平等」が次世代に不幸を生む

実は、中嶋さんには、もう1つの不動産がありました。中嶋さんが経営する店舗で、別のビルにテナントとして入居しており、長女の小雪さん（仮名）と共同で運営していました。こちらは、小雪さんを後継者とすることを前提にして、もとの会社から分割して新設法人を設立。こちらの株式についても、吉原家から買い取ることで合意しました（**図表6-9**）。

対策はこれで終わりではありません。もしここで相続が発生すると、中嶋さんが所有している株は次女の優香さん（仮名）にも移ることになります。これでは中嶋家と吉原家の問題が、姉妹の問題として再現されることになります。それを避けるために遺言書を作成し、株式については小雪さんがすべて相続し、優香さんには金融資産などを相続させるようにしました。

それでも、中嶋さんの相続が発生するまでは、新設法人は中嶋さんと小雪さんの共有という形になります。この件について、当社では、「横（兄弟姉妹）での共有は極力避ける」「縦（親子）の共有は場合によって許容範囲内」というのが基本的な考え方です。縦の共有の場合、時間が経てば子どもに移ります。もちろん、兄弟姉妹がいる場合は、確実に一人ひとりが単

図表 6-9 会社分割を利用した株式の譲渡

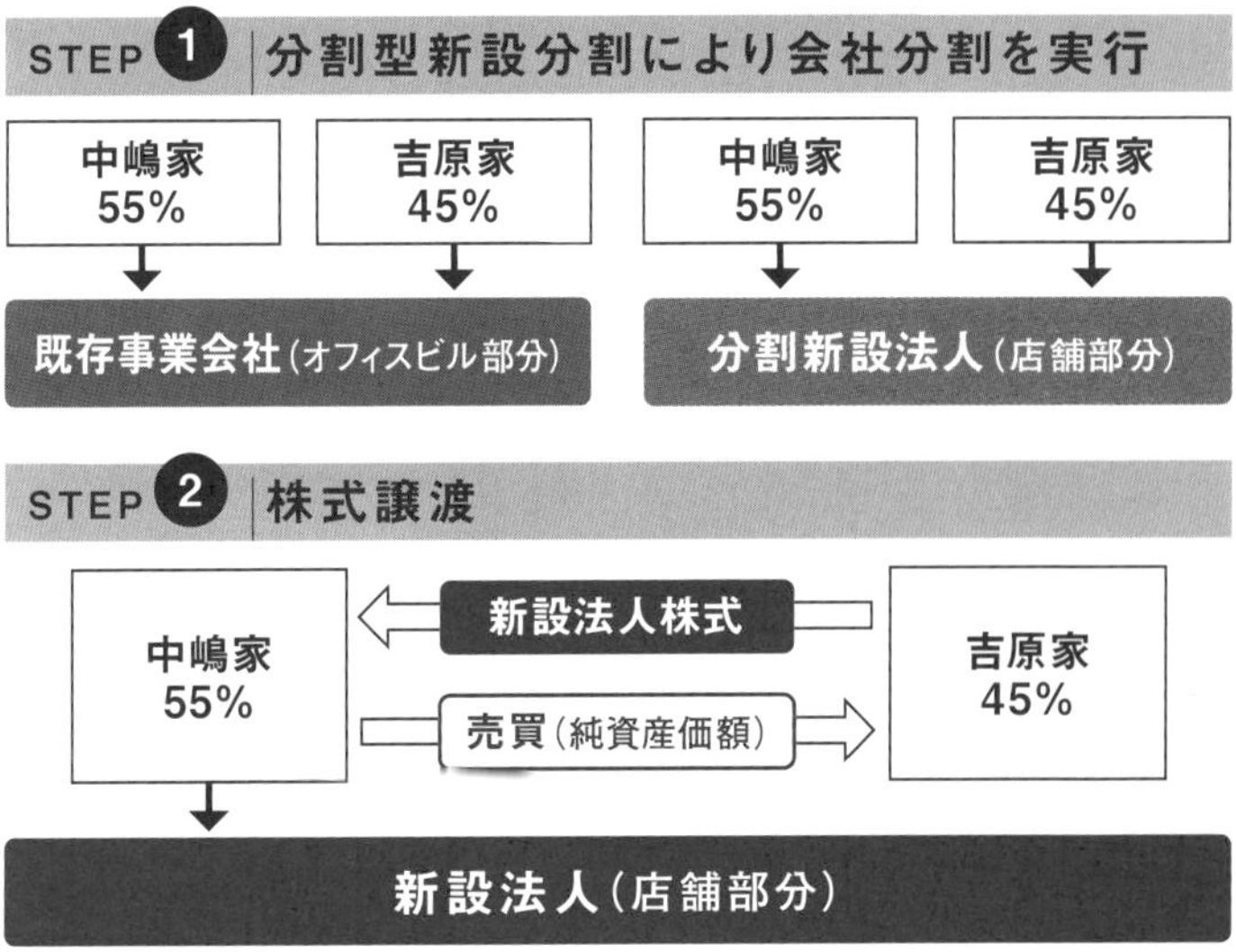

独で所有する形になるように準備することがセットです。

こうして、中嶋家、吉原家での株の分散は解消されました。

ここで1つの疑問が浮かびます。そもそも中嶋さん、吉原さんのお父様は、なぜトラブルにつながる株式の分散を行ったのでしょうか。おそらく子どもたちにとって「よかれ」と思ったのではないかと想像します。自分の子どもたちは、皆かわいい存在です。遺産に差をつけるのではなく、「平等に分けてあげたい」と考えるのは当然でしょう。しかし、その「平等」が、あとあと不幸を生んでしまうのです。

中嶋さんのケースでは、最終的に皆さんが喜ぶ結果になりましたが、ときには一族を巻き込んで悲惨な争いになるという話も耳にします。子どもに「平等に財産を残したい」という想いは大切ですが、相続では「よい平等」と「悪い平等」があると当社では考えます。

不動産の共有や株式の分散のように単純に均等に分けるだけでは、中嶋家と吉原家のようなトラブルにつながります。それは「悪い平等」です。そんなことにならないよう、相続ではよくよく考える必要があります。

株式では経営権を承継する人が3分の2以上を持つべきであり、不動産については土地も建物も1つの利用単位で単有にすべきというのが、当社の考えです。それを前提に金融資産を含めてそれぞれの相続人が手にする「資産の価値」がなるべく平等になるように分けることができれば、「よい平等」に近づきます。そうした「よい平等」を目指すことが大切です。

親世代が株式の大半を所有しているケース

中嶋さんの例ほど複雑ではないにせよ、親族内で分散した自社株式を集約したいという相談はしばしばあります。企業や業種によっては、今後の株価が大きく変化する可能性があり、買い取り条件を大きく左右することもあります。ですから、株式集約の相談では、現状分析にとどまらず、将来の株価を予測することも重要です。

40代後半の南さん（仮名）の相談もまさにそうした例でした。当初の相談内容は、南さんの所有している不動産の1つと、伯父様が所有する株式を交換できないかというものでした。もちろん、その要望にそのまま応えることもできましたが、何か事情があるのではないかと考えて、もう少し面談を重ねることにしました。その結果、南さんの経営している会社の株式が親族の間で分散していることが根本的な問題だとわかりました。

もし、一般の税理士に相談していたら、単に不動産と株の交換で話が終わっていたでしょう。その点、さまざまな事例を扱っている当社だからこそ、根本的な問題に気づくことができ、最終的には南さんや親族の方にも納得してもらえる結果につながりました。

南さんはアミューズメント関係のA社をお父様から承継したのですが、株式の大半は祖父と、お父様の兄弟姉妹4人が所有しており、南さんの持ち分は全体の5％にすぎません。お父様の兄弟姉妹は南さんのお父様同様それぞれ会社を持ち、子どもたちに承継させているのですが、A社の株式も15～20％ほど持っているため、ことあるごとに経営に関与しようとするそうです。

南さんとしては、ファミリー企業の経営者でありながら進めたい事業が思うように進められず、不満が募っていました。とはいえ、分散している株式の評価額は合計で10億円以上になります。買い取りは最初から無理だと考え、面談でも言い出せなかったそうです。

自社株式の一般的な集約方法

当社では、南さんと仲のいいいとこの協力も得て、親世代の考え方を把握しつつ対策を練ることにしました。南さんとしては早く買い取りたいけれど、資金の調達が問題です。また、親世代の方は、「株を売ってもいいけれど、譲渡税を納めて手残りが少なくなるなら現状維持」と考えていることがわかりました。

中嶋さんの例でもそうでしたが、株式は誰が買い取るかによって売り手の手残りが大きく変わります。南さんが個人で買い取ると、南さんが所得税を払い、さらに売り手も譲渡税を払わなくてはなりません。そこで、新会社を設立することを提案しました（図表6-10）。それならば、買い取る資金に対しては税金がかからず、南さん個人の税負担が軽くなるというのが1つのポイントです。

図表6-10 新会社による株式集約

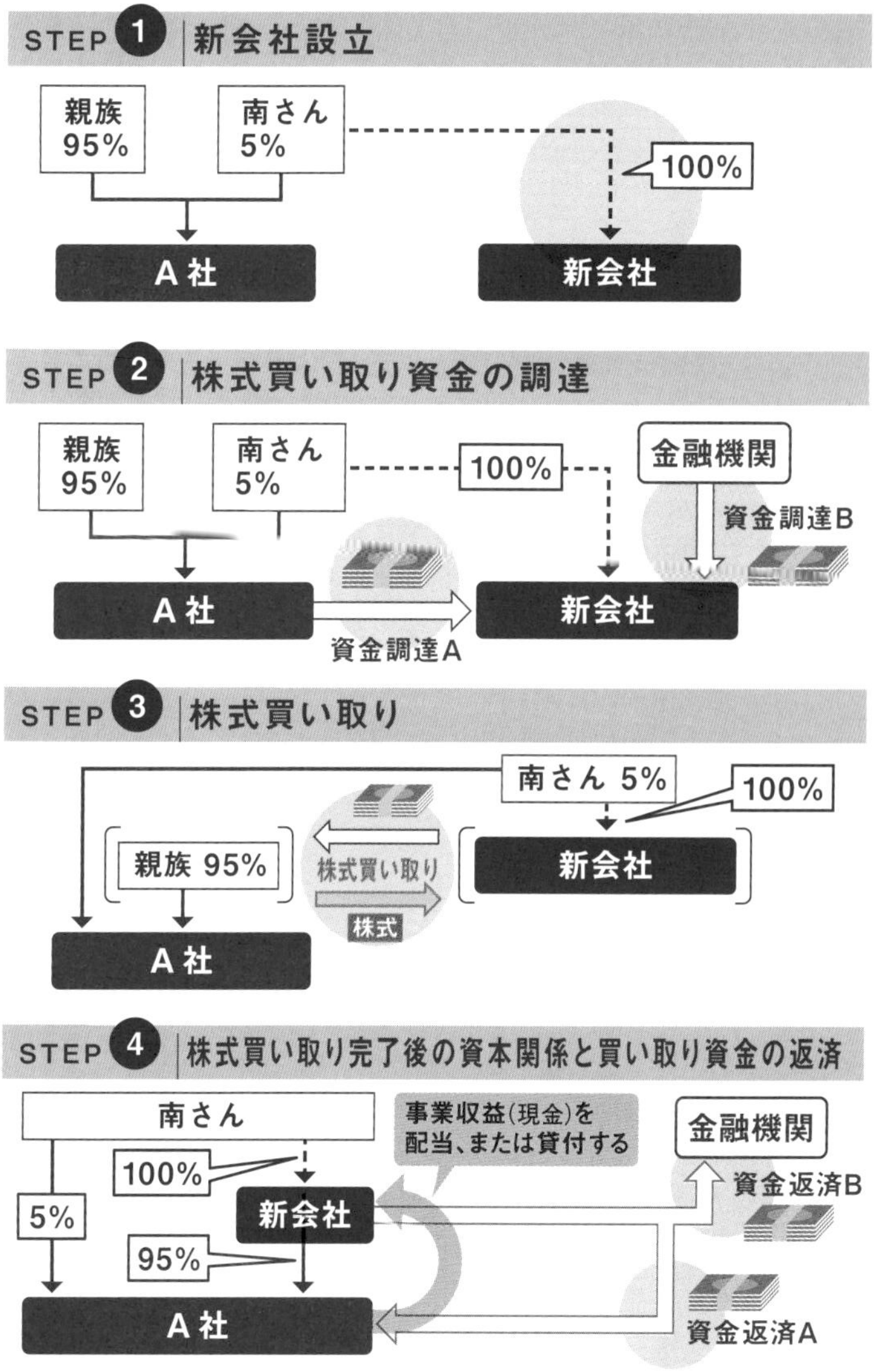

STEP 1 新会社設立
親族
95%
南さん
5%
100%
A社
新会社
STEP 2 株式買い取り資金の調達
親族
95%
南さん
5%
100%
金融機関
資金調達B
A社
新会社
資金調達A
STEP 3 株式買い取り
南さん 5%
100%
親族 95%
株式買い取り
株式
新会社
A社
STEP 4 株式買い取り完了後の資本関係と買い取り資金の返済
南さん
事業収益(現金)を
配当、または貸付する
金融機関
100%
資金返済B
5%
新会社
95%
A社
資金返済A

図表6-11 譲渡による集約方法の違いと特徴

	譲渡による集約方法		
買主	南さん	新会社	A社
譲渡価額	相続税評価	法人税評価（折衷）	法人税評価（折衷）
売主側の税率	株主の譲渡税・住民税 20.315%	株主の譲渡税・住民税 20.315%	みなし配当による所得税・住民税の合算（総合課税） 15.105～55.945%*
特徴	◎個人の資金負担が大きい ◎借入れが難しい ◎借入れの場合は役員報酬（総合課税後）で返済を強いられる →買主は所得税負担後の資金で株式購入の必要がある	◎子会社の信用による借入れが可能 ◎借入れの場合は子会社からの資金を配当し返済できる ◎子会社の株式の保有割合が配当等の額の計算期間を通じて1/3超保有であれば配当について益金不算入となる	◎そのほかの株主のシェアが上がる ◎そのほかの株主のみなし贈与課税も考えられる ◎一部譲渡所得として譲渡所得税の対象となる場合がある

＊配当控除は考慮していない

問題は、売り手側のメリットです。A社へ譲渡する場合、売り手側には総合課税がなされます。所得が少なければ税率は低くて済みますが、ファミリー企業経営者のような資産家の場合は合わせて約55％の最高税率まで達する可能性があります。一方で、新会社に売却すれば分離課税が適用されて、譲渡税（所得税と住民税）を合わせて約20％となります。

この2パターンを比較すると、所得が少なく15％程度の所得税ならA社に売るほうが、所得税が20％を超えるような所得があるなら新会社に売却したほうが、売り手の手残りが多くなります（図表6-11）。

そこで、親世代には一律に新会社で買

い取るという提案をするのではなく、税率の高い方は新会社で、税率の低い方はA社で買い取るという選択肢を提示しました。このように誰にとってもメリットがある方法を提案できたのは、当社ならではの柔軟な対応といえます。

将来の株価予測によって流れが変わった

こうした提案をしても、すべての親族の方がすぐに納得したわけではありません。「全株を売るのではなく、ある程度残して毎年配当をもらいたい」という方もいました。それに対する当社からの説得材料は、事業の現状分析と将来の株価予測でした。

A社の事業の核であるアミューズメント事業は、改正健康増進法の施行で原則屋内での禁煙が義務づけられるなど逆風が強く、近年業績が振るいません。さらにコロナ禍が業績低迷に追い討ちをかけています。

南さんはそうした事業環境を踏まえ、不動産賃貸業にも乗り出しています。ここでのポイントは、不動産の評価は時価評価と路線価評価で大きく変わることです。不動産を取得してから3年間は時価評価で計算しますが、その後は路線価評価で計算するのです。

ということは、A社の株式評価上における資産は3年経過すると下落することが明らかであり、株価が自動的に下がるわけです。親世代へ提案した時点での株価は1株2万円でしたが、3年後には1株1万円ほどになることが予測されました。本業の業績から考えると、2万円まですぐに回復するのは難しいでしょう。

そこで、売り手である親世代の方々に対して、「この株価で売却できる最後の機会となる可能性が高い」と説明したところ風向きが変わり、皆さんが納得した上で全株を買い取ることができました。

ファミリー企業の株式は、相続の際に「子どもたちに平等に」と遺言を残したり、経営権を受け継いだ人が代償として支払える現金がないために分けたりする傾向があるため、えてして分散しがちです。

しかし、それが必ずしも幸せにつながらないことは、この2つの例からも明確です。さらに子どもや孫の世代になると、親族が経営する会社に対する思い入れが薄れることも多く、資金が必要になって親族以外に株式を売却することもあります。当社がご相談を受けているお客様の中には、半数近い株式を持っている兄弟姉妹が、何の関係もない会社にいつの間にか株式を売却していて、経営に大きな支障が出ている例もあるほどです。

とはいえ、資産管理や相続対策に関しては、どこから着手すればよいかわからないという方も多いでしょう。持ち株会社にするべきか、賃貸マンションを建てるべきか、はたまた会社を譲渡すべきか、そして納税資金はどうやって調達すればよいのかなど、判断が難しいことばかりです。

そうしたことにお悩みの方は、ぜひ当社にご相談ください。「まさか」の事態が起きてもお客様の状況に合わせてオーダーメードで「全体最適」な解決策を提供します。

事例

6/6

「多様化する相続の姿」に対して「全体最適」な対策を提案

時代の変化とともに、相続の姿も大きく変わってきました。

以前なら、長男なり長女なりが代々受け継がれてきた家や土地の多くを相続し、それ以外の子どもたちには、残りの財産が分配されるという形態が一般的でした。公平とは言えませんが、多くの人がそうした相続の形に納得して家を支え、資産を次の世代に受け継いでいくことが当たり前でした。

現在は、相続に対する考え方や価値観が大きく変化してきただけでなく、少子化や結婚しないことを選択する人の増加などで、被相続人と相続人の在り方も多様化してきました。実際に、私たちのところにも、これまでにはなかったような相談が増えています。そんな中から、いくつかの事例を紹介します。

将来の相続を考えて分割しやすい資産構成に

相談にいらっしゃった加山さん（仮名）は50代後半の男性です。

両親は亡くなっており、家族は奥様と3人の子どもです。相続した自宅兼賃貸マンション1棟と賃貸アパート1棟、ほかに建物に接する私道と1軒分の貸宅地（底地）を所有しているものの、負債（借入金）が資産を上回っているため、老後や相続に不安がありました。

また、結婚したのが30代半ばだったこともあって子どもたちはまだ若く、独立して暮らしてはいますが3人とも独身です。自分が元気なうちに問題を解決するとともに、子どもたちに面倒を残すことなく先々の道筋をつけておきたいというのが加山さんの希望でした。

私たちがまず考えたのは、借入金をどうやって返済するかです。資産を分析してみたところ、確かに相続税評価額に基づいて計算すると負債のほうが多くなるのですが、時価での売却想定価格を計算してみたところ、財産上プラスになることがわかりました。つまり、不動産を上手に売却すれば借入れが返済できるわけです。

第一段階として加山さんに提案したのは、現在住んでいる自宅兼マンションと私道の売却でした。ここにはお母様も生前住んでいたために二世帯住宅になっていて、加山さんと奥様が2人で住むには広すぎました。建物全体の修繕も思うようにできておらず、収支を見ると毎年約400万円のマイナス。持ち続けるほど赤字が増えていくという「負」動産だったためです。

自宅兼マンションと私道を売却した手残りは2億750万円。借入金などを返済しても約7200万円が手元に残る計算です。

もちろん、マンションを売却して終わりではなく、新たな住居と生活資金を確保しなくてはなりません。そこで私たちはさまざまな条件を比較検討した上で、加山さんに4つの案を提示して選んでもらいました。それが、**図表6-12**のA〜D案です。

A案はマンションと私道を売却し、残った資金でアパート分の借入れも返済して新たに自宅マンションを購入するもの。借入金はなくなりますが、収入はアパートからの家賃のみになります。

B案は自宅マンションのほかに、当社が提供している不動産小口化商品「アドバンテージクラブ」に出資するというもの。アパート分の借入れはアドバンテージクラブからの収益も加えて約7年かけて返済する計画です。借入金は残るものの、返済後はアパートに加えアドバンテージクラブからの安定収益が見込めます。

図表6-12 保有資産と提案の一覧

現状
- マンション(自宅)
- 私道持ち分
- 預貯金
- アパート
- 底地

売却

マンション売却手残り	2億500万円
私道売却手残り	250万円
預貯金	8700万円
借入れ返済	▲1億1800万円
変額保険分	▲1億円
借入れ返済敷金	▲430万円
差引	7220万円

提案A アパート借入れ返済＋マンション購入(3000万円)

[条件]
①アパート分の3600万円を返済
②自宅マンションを3000万円で購入

税引き後手残り	600万円
債務	0円
年間返済額	0円

提案B マンション購入(4000万円)＋アドバンテージクラブ3口(3100万円)

[条件]
①自宅マンションを4000万円で購入
②アドバンテージクラブを3口購入

税引き後手残り	150万円
債務	3600万円
年間返済額	600万円
税引き後手残り	710万円

※借入れ返済後(7年後)

提案C アパート借入れ一部返済＋マンション購入(5000万円)

[条件]
①アパート分の一部2100万円を返済
②自宅マンションを5000万円で購入

税引き後手残り	360万円
債務	1500万円
年間返済額	240万円
税引き後手残り	600万円

※借入れ返済後(7年後)

提案D アパート売却＋マンション購入(4000万円)＋アドバンテージクラブ11口(1億1400万円)

税引き後手残り	340万円
債務	0円
年間返済額	0円

[条件]
①アパートを1億2000万円で売却と仮定
②譲渡費用・敷金等を差し引いた手残りを1億1600万円と仮定 ※買い替え特例適用
③アパート分の借入れ3600万円を返済
④自宅マンションを4000万円で購入
⑤アドバンテージクラブを11口購入

C案は自宅マンション購入のほかにアパート分の借入金の一部を返済し、残りはアパートからの収入で返済していく案です。返済後の手残りはA案とほぼ同じになる計算ですが、A案よりも自宅マンションの購入費により多くを利用できます。

最終的に加山さんが選んだのはD案でした。マンションだけでなく賃貸アパートも売却して借入金を全額返済するとともに、その一部で自宅マンションも購入。あとは、実際に現金が入ったところで、アドバンテージクラブへB案よりも多く出資して、その収益を生活資金に充当するというものです。

D案を選んだ理由は、分割しやすい資産構成への組み替えです。自宅マンションやアパートといった不動産を中心とした資産構成では、相続が発生したときに分割が容易ではありません。だからといって共有にすると、将来に禍根を残してしまいます。

3人の子どもは現在独身ですが、今後結婚して家族を持つと、さらに遺産分割でトラブルになる恐れがあります。子どもが平等に遺産分割するという価値観が一般的となってきた現在、分けやすい資産構成にするのは、子どもたちのためでもあるのです。

当初、加山さんは代々受け継いできた土地をすべて処分することに抵抗がありました。しかし、不動産小口化商品であるアドバンテージクラブを中心とした資産構成になるD案であれば、借入金を一括返済して身軽になります。自身の不安が解消されるだけでなく、子どもたちのことまで考えてこの選択をしました。

実現にあたっては、自宅兼マンションをうまく売却できるかがポイントでした。実は、マンションは旧耐震基準のままでした。その点も「負」動産になる前に売却して組み替える要因となったのですが、1階を借りていたコンビニエンスストアとの賃貸借契約書を確認すると、相場よりも15％程度低い賃料設定になっていました。そこで、テナントであるコンビニと賃貸借契約内容の交渉を行い、最終的に原契約よりも25％賃料を高くした覚書を締結することができました。これで収益還元法での売却価格も同程度増え、当初は売却価格と想定していた金額が譲渡税や諸経費の支払い後の手残り金額になりました。

それができればひと安心で、あとは落ち着いてアパートと貸宅地の売却に取り組み、約1年がかりですべてが完了できました。

ただし、マンションとアパートが収益物件であったため、売却のタイミングにも注意が必要でした。というのも、収益物件の建物売却には消費税がかかりますが、個人の場合、2年前の課税売上高が1000万円を超えていなければ課税されません。逆にいうと、2年前に1000万円超の課税売上があると課税事業者として消費税が課せられてしまうのです。

加山さんの場合、自宅兼マンション売却の2年後にアパートを売ると、多額の消費税が発生します。それを回避するには、マンションを売った翌年内にアパートを売り切る必要がありましたが、なんとか年末ギリギリの12月下旬に売却の契約をして、消費税の負担を免れることができました。

この結果、当初はマンションを含めてマイナスだった収支が、アドバンテージクラブからの収益を合わせて、毎年税引き後340万円が手元に残るように改善できたのです。

もちろん、加山さんは資産の分割が容易になることを考慮してD案を選択しましたが、家族構成や資産の内容、これからの人生をどのように過ごしたいかによって、A〜C案のような選択肢をとる方もいるでしょう。

土地の評価額を維持して等価交換を実現

資産の組み替えは、必ずしもスムーズに進むとは限りません。一般に古い不動産を相続すると対応に苦慮することがよくあります。加山さんの場合はマンションを買い取ってくれる業者を見つけることで解決しましたが、ほかにもちょっとめずらしい解決方法があります。

図表6-13 相続した不動産の概要

建築物

構造／規模	RC造／地上7階
敷地面積	約350平方メートル
延べ床面積	約1000平方メートル
建ぺい率	約55%
容積率	約290%
高さ	約26メートル
検査済証の提示	可能

法令や都市計画との関係

建ぺい率	適法
容積率	適法
高さ制限	適法
道路斜線制限	適法
隣地斜線制限	既存不適格
北側斜線制限	なし
高度地区斜線制限	既存不適格
日陰規制	既存不適格

地区・地域

用途地域	第2種住居地域
特別用途地区	第1種文教地区
防火地域	準防火地域
高度地区	30メートル 第3種高度地区

検査済証が存在するため
建築時には適法だったが
既存不適格のため
建て替えると
建築規模が小さくなる

続いては、生涯独身だった叔父さんから相続を受けた3人兄妹、つまり被相続人からは甥や姪にあたる方からの依頼でした。こうした相続の形態自体も、最近になって増えています。

相続物件は東京の山手線内にある築50年近い賃貸マンションです。相続税に関しては、叔父さんが所有していたほかの土地を売却して納税できたのですが、このマンションをどうするかが悩みです。建物は古いけれども立地はいいので、当初はこれも売却して現金を3人で分けようと話していましたが、ここに大きな問題がありました（**図表6-13**）。

実は、このマンションは「既存不適格」

の物件。つまり、建物が建った時点では法律に適合していたのですが、現在では隣地斜線制限や日陰制限などに適合していない状態だったのです。現状のまま使用する分には問題はないものの、建て替えるとなると現在の法律に従わなくてはならないため、建物の建築規模が小さくなってしまいます。

土地ごと売却する場合、土地の評価額はどんな建物が建築可能かによって左右されるので、3人が入手できる売却費は最初の想定よりもかなり少なくなってしまうのです。

その解決方法として浮上したのが、建築家の青木茂氏によって提唱された「リファイニング」という手法でした。古い建物を解体することなく、現行の耐震基準を満たした建物に再生することが可能で、建物の形態を保持できるのが大きなメリットです。

この手法を利用することでマンションはデベロッパーが買い取り、リファイニング後に分譲することになりました。3人は等価交換方式でリファイニングされたマンションの住戸をそれぞれ手に入れました。

前例のないめずらしい手法での相続対策でしたが、相続人の意思に沿って課題を解決したいという私たちの思いが実現を可能にした例だといえるでしょう。

複雑化した土地の共有を辛抱強く解決

公平な相続を目指したいからといって土地を均等に共有すればよいかといえば、決してそうではありません。確かに、その場は問題が解決したように見えますが、将来にわたって火種を残すことになってしまいます。そんな典型的な例を紹介しましょう。

当社に相談されたのは三峰さん（仮名）。兄弟姉妹5人で親から土地を相続したのですが、35件もの細かい土地や建物が都内のあちこちに点在していました。しかも、それぞれの自宅だけは自分名義になっているのですが、それ以外の多くは共有です。

5人の仲はいいとはいえず、だからこそ相続が発生した際に話がまとまらず共有することになり、現在に至るまで土地の有効活用もできないままでした。共有地の固定資産税は、「長男としてほかの4人よりも多くの資産を相続したのだから」という理由で、三峰さんが20年以上払ってきました。この負担が長年の悩みだったそうです。

実は、三峰さんにも5人の子どもがいるのですが、仲があまりよくないとのことでした。自分に万が一のことがあり、現状のまま子どもたちが相続したら、本当に収拾がつかなくなることは目に見えています。

図表6-14が、共有地の概要です。三峰さんの両親が亡くなったことで一次相続、二次相続が発生してから、遺産分割協議書を6回もつくっています。土地の分筆は10回、合筆は2回。それだけ話がまとまらなかったことを示していますが、そのたびに税理士や弁護士の助言が入り、共有比率が複雑怪奇なことになっています。5分の1ずつの共有地もあれば、中には10万分の○○のような細かい持ち分になっている土地や、遺産分割協議書の記載と実際の登記で持ち分に矛盾がある土地まであります。

本人たちも把握しきれず、五里霧中で税理士も困り果てていたそうです。そこで、複雑な資産の管理や運用に強いという当社の評判を聞いた税理士を通じて相談が来たのです。

当社がまず行ったのは現状分析でした。兄弟姉妹にそれぞれ子どもがいるため、このままにしてどなたかが亡くなるか認知症になったら事態はさらに悪化します。すでに有効活用できずにいる土地ですが、資産としてさらに毀損してしまうリスクを説明しました。

ところが、なかなかその先に話が進みません。「お兄ちゃんは父さんに一番かわいがられていた」「私のランドセルはお下がりだった」「あのときの食事代は私が全部支払った」といった話が次から次へと出てきて、相続対策の議論にならないのです。

以前であれば、長男である三峰さんが家の財産の多くを相続したことに、ほかの4人から

図表6-14 三峰さんと親族が共有している不動産の現状

相続発生時の不動産

登記件数	35件
土地	27件
建物	8件

土地の概要

もっとも狭い土地	約1.5坪
もっとも広い土地	約300坪
合計	約1700坪

現状に至るまでの経緯

遺産分割協議書を作成した回数	6回
土地を分筆した回数	10回
土地を合筆した回数	2回
物納した件数	3件
売却した件数	6件
遺産分割協議書作成後未登記の物件	1件
遺産分割協議書記載の持ち分に矛盾がある物件	1件

土地共有の現状

三峰さんが単有	12件（処分済み：1件）
三峰さん以外の親族が単有	8件
三峰さんが一部を単有、 そのほかを三峰さんを含む親族5人で5分の1ずつ共有	1件
三峰さんを含む親族5人で5分の1ずつ共有	3件（処分済み：1件）
三峰さんを含む親族5人で10万分の36000、 10万分の24000、10万分の14000、 10万分の13000、10万分の13000で共有	2件（処分済み：2件）
三峰さん以外の親族2人が2分の1ずつ共有	2件

ここまで不満が出ることはなかったでしょう。相続する土地の権利を主張しあって合意に至らず、共有以外の選択肢がとれないということもなかったのではないでしょうか。これも、相続に対する考え方や価値観、資産に対する権利意識が大きく変化した一例です。

このままでは埒があきません。そこで、三峰さんに対して2つの提案をしました。1つは「共有している土地を売却して、5人の持ち分に応じて収益を分配する」方法、もう1つは「共有の解消を一番の目的にして、三峰さんの持ち分を4人に贈与してでも解決する」方法です。

結論からいうと、土地ごとにこの2つの方法を使い分けることになりました。

特に、後者は効果大でした。いくら仲の悪い兄弟姉妹であっても、長男から土地の持ち分を贈与されると言われれば断る筋合いはありません。一方で、三峰さんにとっては面倒な状況から逃れることができ、共有地の固定資産税も今後は支払わなくて済むようになります。まさに「損して得とれ」だと三峰さんは納得されました。

もっとも、こう書くと簡単に聞こえるかもしれませんが、ここには書き切れないほどのやりとりがありました。時間をかけて共有者の一人ひとりと面談を重ね、一段落つくまでは3年がかりでした。それでもなんとかここまでに至るには、パートナー弁護士や土地家屋調査士、司法書士との密な連携が不可欠であったことは間違いありません。こうした出来事もあり、一段落した後に三峰さんから遺言書とファミリーオフィスを進めたいとの依頼がありました。大切な家族には同じ苦労をしてほしくないという思いからです。

一方、三峰さんの持ち分を贈与によって取得した4人の兄弟姉妹でしたが、数年後にやはり共有を解消したいとご連絡がありました。1人に相続が発生したそうです。当社がその方の配偶者と子どもの遺産分割も含めてサポートを行い、不動産会社にすべてを売却。長年にわたるすべての共有不動産が解消されることになりました。

ここで取り上げたのは、多様化している相続のほんの一例です。現在では、長子相続的なやり方が減少しているだけでなく、財産を承継させる子どもがいないケースも増えています。以前なら、ある一定の枠組みに従うことで解決できた相続問題が、今では分類が難しいほどバラエティに富んだものになっています。

言い換えれば、家族ごとにオーダーメードの相続や資産管理のコンサルティングが必要な時代になったといえるでしょう。その点、数多くの事例と幅広いネットワークを持つ青山財産ネットワークスなら、どんなケースでも対応できるのが強みです。

あとがき

私たち青山財産ネットワークスは30年間にわたり、土地持ち資産家やファミリー企業の経営者の方々の相続対策や事業承継などをお手伝いしてきました。ですから、億単位の相続税のストレスも、「なんとかして相続税を下げたい」と思う気持ちも痛いほどわかります。

その一方で、節税対策を最優先した結果、かえって多くの複雑な問題や悩みを抱えてしまった例を本当にたくさん見てきました。そうした方から相談を受けて、家族間のもつれた糸を解きほぐして共有持ち分の関係を解消したり、「負」動産を整理して収益力のあるものに組み替えたりしながら、毀損した財産や家族の絆を修復するというコンサルティングを数多く手掛けてきました。

ゴルフに例えれば、ラフやバンカーからのリカバリーショットです。その中で、ほかのコンサルティング会社や専門家が敬遠するような難しい案件を解決できるノウハウや、信頼できる専門家や多くの事業者とのネットワークを築くことができました。それらが私たちの財産でもありますが、一方で、「最初からフェアウェイに打てれば、もっとストレスなく、ゴルフ（人生）を楽しめるのに」と思うこともしばしばありました。

本書を上梓しようと思ったきっかけはそこにあります。

「失敗は成功のもと」と言いますが、「失敗する前に、失敗しない考え方を伝えたい」。そう思いました。一度きりの人生、財産や家族のことでストレスを抱える時間は不要です。

そのキーワードの1つ目が「全体最適」です。

私たちが理想とする「全体最適」の相続対策は、無理なく「納税」「分割」「節税」ができ、「財産の最適なバランス」と「家族や一族との良好な関係」を、二代、三代にわたって持続・発展していくことです。

そのためにはまず、「我が家の課題」を見つけ出すこと。ここが「全体最適」へのスタートであり、土台です。具体的な方法は本書で紹介しましたが、「5つの視点」と「不動産の4分類」で現状と課題を把握し、優先順位を付けて対策を講じていきます。現状をグラフや図で可視化することもポイントです。課題が整理され、家族で共有しやすくなります。家族で課題を共有できれば、その後の対策が非常に進めやすくなります。土台づくりをおろそかにして「部分最適」の対策を重ねても、決してよい結果は得られません。

こうした考え方が私たちのコンサルティングの真髄なのですが、初めて会った方に「全体最適」と言ってもピンとこないと思います。実際、何度かコンサルティングをさせていただいた方から「(私たちがやっていることが)やっとわかったよ。もっと早く会いたかった」と言われることがあります。これも本書を出版しようと思った理由の1つです。

2つ目のキーワードは「アップデート」です。

どんな時代にも通用する完璧な対策はありません。

特に「Ａｆｔｅｒコロナ時代」は変化への対応がますます重要になります。価値観の多様化や各種税制(所得税、消費税、相続税)の増税に加え、相続税の節税対策封じの税制改正、中長期的な人口減少(特に新規住宅需要層の減少)、長寿化に伴う老老相続、日本の財政悪化による円の下落リスク、地球温暖化や資源の減少など、新たな「まさか」の事態が噴出し加速するでしょう。

相続対策もアップデートしていかない限り、財産の先細りは避けられません。節税対策にとらわれていると必ず手詰まりになります。私たちは伴走者として、時代の変化を先取りした相続対策のアップデートをお手伝いしています。

特に今後、土地持ち資産家の防衛策として収益力アップがより重要になると読んでいます。そこで、不動産小口化商品の「アドバンテージクラブ」のほか、人生計画や目標に沿った金融資産の長期安定運用コンサルティングなどを新たなメニューに加え、資産家の収益力アップをサポートしています。私たちも常にアップデートしているのです。

3つ目のキーワードは「心（非財産）の相続」です。

世の中にあふれている相続対策の大半は「物質的」な財産についてです。しかし、次の世代に残せるものはそれだけではありません。お金は使えばなくなりますが、あなたの生きた証し、想いはずっと受け継がれます。

特に土地持ち資産家やファミリー企業の経営者の場合、理念や伝統、誇り、想いといった「心（非財産）」が財産（有形資産）を生み出す源泉であるからこそ、後継者にしっかりと伝えていくことが大変重要になってきます。価値観が多様化した現代では、「長男だから家（企業）を継げ」では後継者は納得しません。継ぐ意義や価値を見出してこそ、自分の人生を賭けてみようと思うのです。

兄弟姉妹や一族も同じです。精神的なものを共有できれば争いは減り、むしろ家族や一族の絆を大切にする方向に向かうのではないでしょうか。私たちは「ファミリーオフィス」という形でサポートしてきましたが、心（非財産）を承継できた家族や一族の強さや効果を実感しています。

財を遺すは下、事業を遺すは中、人を遺すは上なり。
されど財なくんば事業保ち難く、事業なくんば人育ち難し。

医師・官僚・政治家で、関東大震災後に東京の復興に従事した後藤新平が三島通陽に遺したとされるこの言葉は、まさに「財産」「事業」「人」の関係を言い表しており、「全体最適」の相続対策ともつながるように感じます。

私たちも「財産の承継」「事業の承継」「人（心）の承継」、どれ1つ欠けることのない相続コンサルティングを目指しています。それができたとき、本当にお客様に満足していただけるのだと思います。

私たちのコンサルタントの1人がお客様の遺言書の開示に立ち会いました。

遺言書の付言の最後に「困ったことがあったら、これからも青山財産ネットワークスさんに相談しなさい」とあったそうです。お客様の信任の厚さに「心が震えた」と話しています。

私たちはこれからも、こうしたコンサルティングを積み重ねていきます。

困ったことや、もっと詳しく知りたいことがありましたら、当社まで遠慮なくお問い合わせください。

私たちは、いつも「100年後もあなたのベストパートナー」でありたいと思っています。

皆さんとともに満足できる解決策を導き出せると確信しています。

［執　筆］

コンサルティング事業本部

相澤 光

1982年東京都生まれ。大学卒業後は不動産業界に身を置き会社の代表も務める。「100年後もあなたのベストパートナー」を掲げる長期的コンサルティングに惹かれ、2014年に株式会社青山財産ネットワークスに入社。入社後は20代からのグローバルな資産運用・不動産運用の経験を活かし、土地持ち資産家やファミリー企業の経営者への総合財産コンサルティングを中心に活躍。幼少期に父親の相続を経験したことで、財産のみならず非財産の承継こそが一家の永続的発展に不可欠と確信し、資産家の想いの具現化を支援。節税目的が中心の相続対策に警鐘を鳴らし、相続全般の事前相談から事後対応をはじめ、「全体最適」なコンサルティングを幅広く手掛ける。1級ファイナンシャル・プランニング技能士、CFP®、公認不動産コンサルティングマスター（1）第035183号、シニア・PB（日本証券アナリスト協会認定）。

［監　修］

執行役員

小野高義

執行役員

高田吉孝

執行役員

長曽我部利幸

［執筆協力］

青木隆俊
有田能正
伊藤紘一
浦崎真平
大屋健太郎
川井雄介
木村 僚
小林容子
近藤景太
笹岡 萌
澤木 勲
神 伸太郎
高橋あすか
鶴田彰子
中川良一
二宮正憲
野口忠夫
橋本圭司
平井忠行
二俣圭輔
松本惇志
回り道正行
森田貴之
山﨑陽介

（50音順）

［編著者］
株式会社青山財産ネットワークス
1991年創業。個人資産家や企業オーナー向けに、財産承継や事業承継、財産の運用・管理の「総合財産コンサルティングサービス」を提供。相続対策や不動産などの経験豊富なプロフェッショナルコンサルタントと税理士、会計士、弁護士など100名以上の有資格者の専門家集団が、計画策定から実行まで支援する。近年は専門家集団としての豊富な知見の蓄積に加え、テクノロジーも融合したコンサルティングを強みの1つとしている。創業30年を迎え、財産コンサルティング分野における数少ない上場企業として、お客様の二代、三代先までを視野に入れた長期的かつ継続的な「100年財産コンサルティング」を目指している。

【お問い合わせ】
株式会社青山財産ネットワークス コンサルティング事業本部
03-6439-5803

Afterコロナ時代に多様化する相続の在り方
「5つの視点」で資産と想いを遺す
人生100年時代の相続対策

2021年11月15日　初版第1刷発行

編著者	株式会社青山財産ネットワークス
発行者	藤井省吾
発行	日経BP
発売	日経BPマーケティング
	〒105-8308　東京都港区虎ノ門4-3-12
編集協力	太田三津子
イラスト	吉田たつちか
装幀・デザイン	FANTAGRAPH
制作	クニメディア
印刷・製本	図書印刷

ISBN　978-4-296-11020-9